51 CONSEJOS DE VENTAS

CLAVES PARA VENDER MÁS Y TRIUNFAR VENDIENDO

(Pensamientos Vendedores 2)

Título: 51 Consejos de Ventas, Claves para Vender Más y Triunfar Vendiendo

Título de la serie: Pensamientos Vendedores

Volumen de la serie: Volumen 2

Autor: Raúl Sánchez Gilo

Fotografía de Portada: Rosamaría Bertol Astasio

Primera edición: 2018

ISBN-13: 978-1717369925

ISBN-10: 1717369928

51 CONSEJOS DE VENTAS

CLAVES PARA VENDER MÁS Y TRIUNFAR VENDIENDO

(Pensamientos Vendedores 2)

Raúl Sánchez Gilo

A todos los que me han apoyado,

y especialmente a Rosamari, Betty y Lima

ÍNDICE

PRÓLOGO _____ 13

CAPÍTULO 1: SOBRE VENDER _____ 19

Consejo nº 1: Diez Consejos de Ventas que no eran Consejos de Ventas_____ 19

Consejo nº 2: el Camino de la Excelencia para tener Éxito Vendiendo _____ 21

Consejo nº 3: la Confianza en Ventas _____ 27

Consejo nº 4: el Cliente sigue siendo el Rey _____ 32

Consejo nº 5: el Arte y Ciencia de Vender _____ 33

Consejo nº 6: la Importancia de Conocer las Necesidades de tus Clientes _____ 35

Consejo nº 7: el "Secreto" de Vender sin Vender _____ 37

CAPÍTULO 2: SOBRE LOS VENDEDORES _____ 41

Consejo nº 8: Logos, Pathos y Ethos _____ 41

Consejo nº 9: Algunos Errores del Vendedor _____ 43

Consejo nº 10: Habilidades Imprescindibles del Vendedor_____ 46

Consejo nº 11: la Nueva Perspectiva del Vendedor_____ 49

CAPÍTULO 3: SOBRE ESCUCHAR Y PREGUNTAR _____ 53

Consejo nº 12: Escucha a tu Cliente _____ 53

Consejo nº 13: la Escucha Activa _____ 54

Consejo nº 14: Preguntas Inteligentes _____ 58

Consejo nº 15: sobre Tipos de Preguntas_____ 60

Consejo nº 16: haz la Prueba, Pregunta a tus Clientes_____ 63

Consejo nº 17: haz la Prueba, Pregunta a tus Clientes (II) _____ 64

Consejo nº 18: No Discutas con tu Cliente _____ 66

Consejo nº 19: la Comunicación No Verbal 69

CAPÍTULO 4: SOBRE LA COMPETENCIA 73

Consejo nº 20: Evita Competir solo por Precio 73

Consejo nº 21: Claves para Diferenciarse de la Competencia 75

Consejo nº 22: Claves para Diferenciarse de la Competencia (II) 81

Consejo nº 23: Beneficios y Ventajas Competitivas 84

Consejo nº 24: El Servicio al Cliente como Ventaja Competitiva 89

CAPÍTULO 5: SOBRE EL PRECIO 93

Consejo nº 25: Cómo Vender más sin Bajar el Precio 93

Consejo nº 26: la Objeción del Precio 97

Consejo nº 27: la mejor Estrategia a la Objeción del Precio 99

Consejo nº 28: Ideas y Consejos para resolver Objeciones de Precios (I) 102

Consejo nº 29: Ideas y Consejos para resolver Objeciones de Precios (II) 111

Consejo nº 30: Más allá del Precio (I) 118

Consejo nº 31: Más allá del Precio (II) 120

Consejo nº 32: Más allá del Precio (III) 124

Consejo nº 33: Más allá del Precio (IV) 127

CAPÍTULO 6: SOBRE LA EXPERIENCIA DEL CLIENTE 131

Consejo nº 34: a Vueltas con la Experiencia del Cliente 131

Consejo nº 35: la Experiencia del Cliente (II)- El Valor Percibido 134

Consejo nº 36: la Experiencia del Cliente (III) - La Influencia en la Marca 137

Consejo nº 37: la Experiencia del Cliente (IV) - La Lealtad 138

Consejo nº 38: la Experiencia del Cliente (V) – Herramientas 140

Consejo nº 39: la Experiencia del Prospecto 142

CAPÍTULO 7: SOBRE LA PROSPECCIÓN 149

Consejo nº 40: Generar Nuevas Oportunidades - la Prospección 149

Consejo nº 41: Búsqueda de Clientes Potenciales _____155

Consejo nº 42: Importancia de la Cualificación de Prospectos y Oportunidades 159

Consejo nº 43: Cualificación de Prospectos – Método BANT _____161

Consejo nº 44: Más Allá del BANT _____168

Consejo nº 45: Claves previas en el caso particular de las RFQ/RFP _____174

CAPÍTULO 8: SOBRE EL PROCESO DE VENTAS _____179

Consejo nº 46: el Proceso de Ventas _____179

Consejo nº 47: la Preparación Previa_____184

Consejo nº 48: Desarrollo de la Propuesta_____186

Consejo nº 49: Sobre las Objeciones _____191

Consejo nº 50: Claves a Recordar en cualquier Negociación _____194

Consejo nº 51: Consideraciones sobre el Cierre _____198

CAPÍTULO 9: LA VISITA DE ELE _____207

Nota del autor_____211

PRÓLOGO

Muchas gracias por adquirir este libro. Seguro que estos 51 Consejos de Ventas te inspirarán y motivarán en tu profesión. Pero no tienes tan solo que leerlos. Tienes que hacerlos tuyos y actuar en consecuencia. Solo así serás capaz de vender más y tener éxito vendiendo. Algunos te servirán más que otros para tu caso particular. Algunos cambiarán tu manera de pensar sobre vender. Pero todos te ayudarán para que cumplas con tus sueños y objetivos personales.

Al respecto, me gusta pensar que esta lista de consejos son como píldoras comerciales, pequeñas dosis de medicamento para aliviar el mal de ventas. Como tales, conviene tomarlas de forma continuada y repetir la dosis las veces que sea necesario. Sin atragantarse, por supuesto.

Segundo libro de la serie Pensamientos Vendedores

Este es el segundo libro de la serie "Pensamientos Vendedores", una serie sobre ideas, conceptos y pensamientos que te ayudarán a vender y a entender los conceptos fundamentales y eternos para triunfar en tu profesión, ya seas un vendedor profesional o un profesional vendedor, un CEO de empresa o un jefe de ventas, un emprendedor o tengas relación con el mundo empresarial y de negocios. A fin de cuentas, todos somos vendedores.

Es necesario aclarar que no es una serie al estilo de las sagas de ficción donde la trama se queda inconclusa de un libro a otro, sino que son libros independientes, aunque por supuesto se complementan y comparten varios conceptos comunes.

Como no podía ser de otra manera, algunos consejos insisten en conceptos tratados en el primer libro de la serie ("Vender Más y

Mejor, Técnicas de Venta Eternas más allá de Internet", al que de aquí en adelante, para acortar, citaré como Vmym), ideas que por falta de espacio necesitaban ser ampliadas y matizadas.

También incluye, con modificaciones y mayor explicación, algunas de mis publicaciones y artículos más populares en redes sociales y blogs, que buscan por este medio una mayor exposición y permanencia que la temporal que tuvieron en su día.

Otros muchos consejos de ventas, la mayoría, son inéditos, intentando con todos ellos tratar una gran variedad de temas y tópicos de ventas de gran aplicación en el panorama empresarial actual y futuro. Todos ellos responden en cualquier caso a una misma filosofía de ventas, que es la que quiero compartir.

Deja de luchar, tu cliente te lo agradecerá

No creo en las recetas prefabricadas para vender, ni en que sea necesario aprender frases hechas, preguntas tipo, modelos de respuestas y contra-respuestas, ni en los muchos llamados trucos de ventas que tanto se han extendido en muchos manuales al respecto.

En dichas prácticas lo que primaba era el interés del vendedor por vender a toda costa, a base de trampas conversacionales predefinidas, donde se planteaba la dualidad cliente/vendedor como la de una batalla, como un juego de caza o pesca donde la presa era el cliente.

En toda batalla hay vencedores y vencidos, ganar una batalla no significa ganar la guerra, y hacer una operación no significa ganar un cliente. Las antiguas prácticas pueden servir de forma puntual, pero hoy en día no son suficientes. Deja de luchar y tu cliente te lo agradecerá…

Puedes aprender a vender a base de trucos, pero siempre encontrarás situaciones nuevas para las que no existe guión, a no ser que comprendas cómo vender más a través del autentico equilibrio entre productos, vendedores y clientes, aquél que mira al largo plazo y se basa en optimizar no sólo la satisfacción del cliente, sino que tiene como fin obtener y fortalecer su fidelización.

El paradigma actual ha cambiado completamente. El foco principal está sobre el cliente y en nuestra relación con él, una relación que se basa en la confianza y sobre todo en aportar valor, en dar para recibir. El cliente es el rey, le hemos dado todo el poder y no quiere soltarlo.

En línea con lo dicho, este libro de consejos de ventas trata de aportar ese valor adicional necesario y ofrecer al vendedor, al emprendedor y a cualquiera que esté relacionado con el mundo comercial y el de los negocias, una serie de conceptos, ideas, experiencias, estímulos y también creencias propias, que le van a ayudar a tener más éxito en su profesión, en su empresa y con su empresa. Creencias que son fruto de mis años de experiencia como vendedor, y que me han llevado a descubrir lo que funciona y lo que no.

Mi experiencia personal

He visitado más de 30 países, y he vendido productos de alta tecnología en más de 60, incluyendo la organización y realización de múltiples seminarios, conferencias, presentaciones, cursos a clientes y distribuidores, reuniones de ventas, incontables ferias, etc. Como director y como coordinador comercial he estado involucrado en ventas industriales B2B, así como también en ventas B2C. He sido distribuidor y he estado en el otro lado de la mesa, ayudando a distribuidores a crecer en su mercado. He abierto nuevos mercados, nuevos países, buscando representantes, evaluándolos, formándolos y dándoles todo el apoyo y asistencia necesaria para maximizar las ventas en cada zona. Esto implicaba necesariamente el mantener y mejorar la relación comercial con dichos distribuidores y clientes, el mantener una búsqueda constante de nuevos caminos para crecer juntos en el mercado y a desarrollar también una estrecha cooperación, la cual lleva a conocer a las personas detrás de los puestos, a entender sus motivaciones, sus problemas del día a día, y en definitiva, a buscar siempre la mejor manera para satisfacer tanto las necesidades de los representantes como las de sus clientes finales.

La variedad de culturas, costumbres, formas de hacer negocios, así como la multitud de personas que conoces y de las que aprendes, te llevan a buscar valores comunes que puedan ser aplicables a todas las situaciones, a entender las verdades ocultas tras cada experiencia, positiva o negativa, aprendiendo de los errores y de los aciertos.

En esta búsqueda, dichas creencias se han convertido en valores, que no en verdades absolutas, pero que han demostrado su eficacia en el mundo de las ventas, y que lo seguirán haciendo, pues muchos de ellos son conceptos eternos, universales, que siempre serán aplicables a cualquier campo, a cualquier industria y a cualquier nivel.

Luego uno contrasta esos valores con las tendencias y los conceptos en boga que propugnan los expertos y gurús de las ventas, y te das cuenta que detrás de las modas y de nombres altisonantes (la mayoría en inglés) que pretenden ser novedades en el mundo de las ventas, hay siempre una serie de técnicas de venta y conceptos eternos que son los que no debemos olvidar, y que son la base necesaria no solo para mejorar nuestra comprensión comercial sino también la de la naturaleza humana.

También es necesario destacar la importancia de tener un proceso de ventas concreto, no solo para vender más, sino también para poder mejorarlo al poder analizar dónde y porqué no hemos tenido éxito. Por eso precisamente los dos últimos capítulos están dedicados a etapas importantes de dicho proceso.

Objetivo del libro

Si en este libro encuentras aunque solo sea un consejo valioso para ti, habré cumplido mi objetivo, que no es otro que el de ayudar a todos los profesionales involucrados en el mundo comercial, de los negocios y de las ventas, a tener más éxito en su profesión. No solo me refiero desde la perspectiva laboral sino también desde la personal, pues muchos de los consejos tienen que ver al final con la parte de humanidad que de alguna manera estamos perdiendo últimamente con todo el auge de las nuevas y múltiples tecnologías. En el complejo panorama actual de los negocios y las ventas, hay que reivindicar el lado humano de vender y el aspecto social que siempre han tenido las ventas.

Precisamente, es esa dualidad cliente/vendedor la que hay que romper. Somos humanos, personas, y eso es lo que no hay que olvidar al vender. Por lo mismo, tampoco hay que volverse locos y olvidar la parte de "business". No es cuestión de olvidarse de vender, sino de vender de manera distinta y más efectiva.

Por lo mismo, aunque uno puede pensar que muchos de los consejos del libro se refieren al ámbito B2B, la mayoría de ellos son también aplicables al B2C, donde también se está viendo este cambio de paradigma. Las marcas hoy en día no quieren ganar clientes, sino conquistar su corazón, y entre tanto ruido, exceso de información y bombardeo publicitario, la diferencia competitiva la marcan las personas y en último extremo las ventas basadas en la confianza y en las relaciones humanas.

No he clasificado los consejos bajo ninguna lógica estricta, aunque están listados por temáticas similares que he agrupado en capítulos. No es necesario un orden obligado de lectura, pero es aconsejable el marcado por el índice, aunque se puede también saltar de uno a otro.

Por otro lado, he querido empezar cada uno de los consejos con una o más frases de grandes sabios, algunos clásicos y otros modernos, que nos siguen inspirando, nos incitan a reflexionar al respecto y enriquecen cada consejo en sí. Espero, lector, que también te parezcan interesantes.

Cada uno de los consejos de la lista pueden ser, y de hecho lo son, objeto en sí mismos de otros muchos libros, y espero en ese sentido sirvan también para motivar al lector curioso a profundizar más en cualquiera de ellos.

He intentado que fueran consejos breves, y así poder completar la lista de los 51 en un número de páginas razonable, de fácil lectura y comprensión. No es una guía paso a paso, ni tampoco pretende ser una biblia de ventas, ya que tal no existe, pues no hay tal que a todo responda, ni de ésta ni de cualquier otra materia.

Adelante, lector, empieza la medicación, cada consejo es una píldora que te ayudará a vender más y a tener éxito vendiendo. No necesitas prescripción médica, sólo la motivación para superarte y crecer como profesional y como persona, que de eso también se trata.

CAPÍTULO 1: SOBRE VENDER

Consejo nº 1: Diez Consejos de Ventas que no eran Consejos de Ventas

"La mejor manera de encontrarse a sí mismo es perderse en el servicio de los demás." (Mahatma Gandhi)

Serendipia es descubrir algo valioso e inesperado de manera accidental, descubrirlo cuando se está buscando una cosa distinta, un hallazgo afortunado. Curiosamente, la palabra tiene su origen en un cuento tradicional persa llamado "Los tres príncipes de Serendip", en el que los protagonistas, unos príncipes de la isla Serendip, antiguo nombre persa de la actual Sri Lanka, solucionaban sus problemas a través de casualidades.

Sin ser príncipe, dicha serendipia me encontró aquel día a mí de la siguiente manera:

Estaba esperando a alguien en una vieja escuela que ya no funcionaba como tal desde hace muchos años. Andaba pensando en mis cosas, entre ellas este libro, y buscaba un sitio donde sentarme cuando casualmente, o causalmente, vi un viejo cartel en la pared que me llamó la atención. Probablemente estuvo allí durante décadas, y posiblemente lo esté muchos más, pues el sitio no parecía que fuera a reformarse en breve. Pero había resistido el paso del tiempo, y aunque ya no lucía en todo su esplendor, todavía mantenía una especie de luz mágica que alentaba tal serendipia. El título del cartel era el "Decálogo de la Acogida", una lista de consejos escritos por un antiguo obispo local ya fallecido, supuestamente para dar la bienvenida a cualquier visitante, personas con necesidades, familiares, etc. y que en su día iluminaba las mentes de los alumnos con los siguientes consejos:

Decálogo de la Acogida

1. Cada persona es un regalo, aquí, ahora y siempre.
2. Facilitar el encuentro es acertar.
3. Acoger es empezar bien.
4. La sonrisa es la mejor terapia.
5. Escuchar hasta el final es la mejor bienvenida.
6. Tus necesidades las hago mías.
7. Todo lo humano me interesa.
8. Mirar a los ojos es nuestro estilo de vida acogedora.
9. Bienvenido a la casa de mi corazón.
10. Gracias por venir, gracias por estar.

Casualmente, o causalmente, parece una moderna lista de consejos de cualquier experto en servicio y atención al cliente, o de claves para mejorar la tan nombrada experiencia del cliente. Vuelvan a leer cada uno de los puntos bajo esa perspectiva, sustituyan persona por cliente y díganme si no son sabios y apropiados consejos de ventas.

Resultan muy apropiados para cualquier vendedor, sobre todo cuando recibe a sus clientes. No están todos lo que son, pero son todos los que están.

Es más, de hecho hace referencia a varios de los principios eternos que irán apareciendo en este libro y que son necesarios tener en cuenta para tener éxito vendiendo, como son y entre otros:

entender las necesidades del cliente, no olvidarse de la parte humana y personal, la importancia de escuchar para vender, dirigirse al corazón del cliente, la clave de la sinceridad y la confianza en las ventas, hacerle fácil y agradable la experiencia de compra al cliente desde el principio, conectar con él y agradecerle por elegirnos.

Lo antiguo es lo nuevo, y lo nuevo es lo antiguo... Esta es tu serendipia de hoy, y no es un cuento. Recuerda siempre este decálogo y acoge a tus clientes. Son la parte más importante de tu empresa.

Consejo nº 2: el Camino de la Excelencia para tener Éxito Vendiendo

"Somos lo que hacemos repetidamente. La excelencia, entonces, no es un acto, es un hábito." (Aristóteles)

Hay muchas características y habilidades que se le exigen al vendedor, pero aparte de éstas, existen ciertas rutinas que aunque son evidentes son imprescindibles para ser un vendedor exitoso, independientemente del producto y de la compañía. Es importante pues que las listemos, las entendamos y las hagamos nuestras:

- **Querer ayudar a los clientes:** hay que preguntarse en todo momento cuál es la mejor manera de ayudar a nuestros clientes y preguntarles a ellos también. Esta actitud genuina de querer ayudar será uno de los mayores impulsores del éxito del vendedor. Dicha actitud será reconocida y recompensada por los clientes, pues generará la confianza necesaria para que se comprometan con el vendedor y para convertirse en clientes fieles a la marca, producto o servicio. (Ver también el consejo n° 7: el Secreto de Vender sin Vender).

- **Vender valor, valor y más valor:** nunca hay que dejar de vender valor, no nos cansaremos de repetirlo. Hay que ir siempre más allá del precio y los descuentos. Al respecto de ellos, no hay que confiar en un posible descuento final para cerrar un trato. De esa manera maleducamos a los clientes, acostumbrándoles a esa rutina que no aporta valor sino que lo resta. (Ver capítulo 3: sobre el Precio).

- **Generar nuevas oportunidades:** el vendedor nunca debe olvidarse de prospectar y de crear nuevas oportunidades, no hay que estancarse en las existentes. Para ello es importante reservar un tiempo considerable del trabajo a esta tarea, y no dejarla de hacer aunque no generen resultados inmediatos. Las oportunidades hay que generarlas, no esperarlas. Esto significa que buena parte del plan diario o semanal debe encaminarse a prospección, a buscar nuevos clientes y proyectos. (Ver capítulo 4: sobre la Prospección). No hay que olvidar que una de las mejores formas de encontrarlos es preguntarles a los clientes actuales, a los clientes satisfechos, que nos pueden dar referencias para otros potenciales clientes.

- **Querer crear relaciones:** compramos a gente que nos gusta, que nos cae bien, con la que tenemos un punto de entendimiento, compenetración, buena relación, respeto, confianza. Todo se basa en crear una buena y genuina relación con el cliente, pero hay que tener esa actitud, seguirla y conseguirla. Si consigues la confianza del cliente, consigues al cliente. Y contra eso no podrá hacer nada la competencia (ver también el consejo nº 3: la Confianza en Ventas). El vendedor excelente persigue ante todo crear esa relación con sus clientes, los cuales a su vez traerán otros clientes, referidos y recomendados por dichos clientes gracias a la relación y confianza creada.

- **Seguir un plan a largo plazo:** cualquier plan, incluso malo, es mejor que no tener ninguno. Hay que establecer un camino a seguir, un plan para las actividades del día a día. Te puedes desviar del mismo por los acontecimientos diarios, urgencias y temas inesperados que surgen, pero siempre con la consciencia de retornar al plan establecido lo antes posible y saber en todo momento cual es el proceso planeado. Esto significa tener un control del día a día, y saber cuando no has cumplido el plan y qué acciones deberás tomar para cumplirlo en los siguientes días. Pero los objetivos no son sólo diarios. Es importante cumplirlos, pues ya hemos dicho que es imprescindible la constancia y tener un plan del día a día, pero no hay que perder la perspectiva del largo plazo, los objetivos mensuales y/o anuales, lo cual resta presión y ansiedad y convierte a dichos objetivos en metas más alcanzables. Hay que tener claro que hay y habrá días malos, altibajos, pero el optimismo que mencionamos más adelante, junto con la conciencia de los objetivos a largo plazo, nos permitirá superar todos los obstáculos. El vendedor necesita tener visión y perspectiva de futuro, y en ese sentido debe de partir desde su objetivo anual y no mirar solamente los resultados de una semana, sabiendo que es más importante la constancia y resultados mantenida a lo largo de un período mayor que los altibajos del día a día. (Ver también el capítulo 8: sobre el Proceso de Ventas).

- **Constancia:** constancia, constancia, constancia, no me cansaré de repetirlo tampoco. Los objetivos no se cumplen en un día o en dos, es una carrera de fondo. Se necesita disciplina. No hay que parar, no hay que quedarse celebrando los éxitos del día a día, ni tampoco lamentándose de los fracasos. Pase lo que pase, sea bueno o malo, no hay que detenerse y lo que importa es el esfuerzo constante, ser perseverante, y seguir trabajando, lo cual también está muy relacionado con el punto anterior de tener siempre un plan que seguir.

- **Asignar prioridades:** concentrarse en las oportunidades más calientes, en las que sea más probable un cierre cercano. Hay clientes que todavía están estudiando tu solución, no están preparados todavía para tomar una decisión y no conviene forzarla, aunque no hay que perderlas de vista y conviene retomarlas de vez en cuando, pero siempre hay que dar prioridad a las oportunidades que están más cerca de su resolución. Por otro lado, algunos clientes llevan más tiempo, otros menos, pero no hay que dejar de atender a uno porque otro llame o porque surjan distracciones o urgencias. No hay que dejar a medias a un cliente. Cada cliente debe sentirse como el único cliente, independientemente de que luego el vendedor asigne prioridades en privado, pero siempre, siempre, todos deben sentirse escuchados y valorados. (Ver el capítulo 7: sobre la Prospección).

- **Enfoque:** relacionado con lo anterior y también con la famosa ley de Pareto, es necesario enfocar nuestros esfuerzos en aquello que nos da mejores resultados, buscar ese 20% de causas o acciones que nos producen el 80% de nuestros resultados, y en definitiva seleccionar dónde y cómo apuntamos, qué clientes tienen más potencial y cuáles no merece la pena perder mucho tiempo. Esto no significa que no atendamos a todos los clientes, pero sí que hay que establecer prioridades y enfocar nuestro trabajo hacia los verdaderos objetivos. (Ver consejo n° 42: Importancia de la Cualificación de Prospectos y Oportunidades).

- **Optimismo:** no sólo es una actitud necesaria para el propio vendedor, sino que dicho optimismo lo ve y siente el cliente también, se refleja en la relación con ellos y sobre todo ante los problemas, quejas o reclamaciones que también son oportunidades y no solo incidencias. Las quejas son oportunidades para fidelizar un cliente por nuestra buena atención y servicio postventa. La capacidad de resolución de problemas necesita pues ese optimismo y positivismo para buscar las soluciones adecuadas (ver también el consejo n° 24: el Servicio al Cliente como Ventaja Competitiva). Optimismo también en el día a día, para vencer las negativas y obstáculos diarios, optimismo que es sobre todo una de las claves del éxito. Un vendedor optimista vende más. Si además es un vendedor feliz mucho mejor, pues esto se refleja en el cliente y transmitirá ese optimismo y felicidad que también necesitan y buscan nuestros clientes.

- **Aprender de los errores**: a veces ganas, a veces pierdes, pero siempre se aprende. Esto significa que aprendiendo de esos errores procuramos no volverlos a repetir. Pero para eso hay que tener humildad y reconocerlos a la vez que visión para detectarlos, pues muchas veces son errores de los que no estamos informados, o los clientes no nos hablan de ellos, a no ser que se lo preguntemos, y por lo tanto también es imprescindible la búsqueda de la excelencia buscando y previniendo los errores que pueden ocurrir. Esto está muy relacionado también con el análisis de qué acciones nos dan más resultados y cuáles no tanto, hacer un seguimiento de nuestro trabajo y ajustar aquellos trabajos ineficaces, optimizar procesos y cometer los menos errores posibles. (Ver también el consejo n° 46: el Proceso de Ventas).

- **Desconectar:** no es productivo trabajar hasta la extenuación, de hecho es contraproducente. Es necesario descansar, desconectar cuando es necesario del trabajo, relajarnos, tener nuestro tiempo y dormir lo suficiente. Todo ello aumentará nuestra productividad.

- **Mirar siempre nuestro producto o negocio desde el punto de vista del cliente**: ¿por qué vendemos de manera distinta a cómo compramos? Ponte en el lugar del cliente, y piensa cómo le gusta comprar. Mira tu negocio y tu producto desde los ojos de tu cliente, ponte en su lugar, ten empatía, y entiende realmente lo que necesita. (Ver también el consejo n° 6: la Importancia de conocer las Necesidades de tus Clientes)

- **Formación**: el vendedor excelente debe estar formándose constantemente. El mercado y sus clientes así lo requieren. Debe tener una rutina y preocupación por aprender, por mejorar continuamente la forma de ayudar a sus clientes, por ser un experto en lo suyo y tener curiosidad no solo en su terreno sino por todo lo que le rodea, un genuino deseo de saber, conocer y crecer como persona y como profesional. (Ver también el capítulo 9: la Visita de Ele)

- **Competitividad**: la cual tiene que ver también con las ganas de superación y crecimiento del punto anterior así como con el optimismo necesario para ser mejor que la competencia, con la también mencionada constancia y con la capacidad de lucha diaria, la seguridad en sí mismo y la proactividad. El vendedor excelente disfruta compitiendo, se divierte vendiendo, y esto se refleja en su rutina diaria. (Ver también el capítulo 4: sobre la Competencia)

En definitiva, nuestras acciones definen quiénes somos. Si queremos ser excelentes vendedores tenemos que repetir muchos de estos hábitos hasta destacar en ellos.

La excelencia no es fácil. Nada que merezca la pena lo es. En el caso de los vendedores y las ventas dicha excelencia solo se podrá conseguir a base de repetición de buenas costumbres, determinación y constancia en hacerlo mejor cada día y no olvidar estos consejos claves para conseguir tus objetivos de ventas. Practicar, repetir y repetir hasta que se convierta en un hábito.

Consejo nº 3: La Confianza en Ventas

"El sabio no enseña con palabras, sino con actos." (Lao-Tsé)

Como hemos dicho, hay conceptos que nunca cambian en el mundo de las ventas, y uno de ellos es la importancia de generar y conseguir la confianza en el cliente.

De hecho las marcas están enormemente preocupadas hoy en día por conseguir la confianza de las últimas generaciones de clientes, tanto de los llamados millennials como de las siguientes, que precisamente están descreídas de dichas marcas. Tienen una multitud de opciones donde elegir y la forma de no perderse entre tanta oferta es sobre todo por las referencias que obtienen de sus amigos, contactos, redes sociales, etc. En definitiva, del boca a boca de sus más allegados, más que de los esfuerzos que puedan hacer las empresas por conseguir dicha credibilidad y confianza.

Aunque cambien los medios y los caminos, se hace por lo tanto necesario el volver a recuperar dichos principios en las actividades comerciales y en la relación con nuestros clientes.

Al respecto, me gustaría contar una historia personal relacionada con la confianza y el respeto. Tiene que ver con las lecciones de ventas que nos puede dar un pequeño tornillo:

Fue hace muchos años y puede que no fuera exactamente así, pero así es como lo recuerdo. Queríamos entrar con un nuevo distribuidor en el difícil mercado japonés, venderles equipos electrónicos (sí… suena bastante atrevido). Nos costó nueve meses entrar en dicho mercado.

Durante el proceso, el representante pidió un equipo de "demo" y se le envió uno. Unos días más tarde devolvieron la unidad a fábrica. Encontraron un pequeño tornillo que faltaba en la base. Probablemente desenroscado en el transporte. No era funcional, podrían haber usado la unidad sin problemas. Podrían haber puesto el tornillo ellos mismos. Pero devolvieron el equipo y pagaron el transporte.

Podríamos haber pensado que no eran nuestros distribuidores ideales, demasiado quisquillosos... Pero no nos quejamos. Colocamos el tornillo y devolvimos la unidad.

Otras historias surgieron, pero finalmente entramos en dicho mercado. La lección del minúsculo tornillo estaba relacionada con dichos conceptos que hoy están tan de moda: confianza y respeto.

Hoy en día se dice que primero debes ganarte la confianza y el respeto de tu cliente potencial, antes de que se convierta en tu cliente. Eso era. Los japoneses sabían eso hace siglos. Por eso, entre otras cosas, uno de los personajes de mi primer libro es japonés.

Realmente no era una cuestión de calidad, ellos no dudaban de la calidad de la empresa ni del producto. Tenían más que claro, como algo normal y aceptado en el sector, que las unidades de demostración no son unidades nuevas, pueden tener rasguños pero funcionan perfectamente, que es lo que se necesita para una demo. Es como pedir que un coche de segunda mano sea como uno nuevo.

Ellos tenían claro que las unidades nuevas cumplían con todas las normas de calidad exigibles y no era ese el problema. La clave estaba en crear la confianza y el respeto mutuo como base de la relación, y eso requería pasar por, digámoslo así, algunas "pruebas", por conocerse, generar confianza y al final reconocerse como socios. A fin de cuentas, uno no se casa con la novia el día que la conoces, tiene un proceso. Lo mismo pasa con los clientes.

Por lo tanto, tenemos que tener siempre en cuenta que las relaciones comerciales se basan en la confianza. Y dicha confianza se perfecciona a través de nuestros actos, más que por nuestras palabras.

La confianza y respeto pueden ser comunes a todas las culturas, pero en cada una siguen o se desarrollan por caminos distintos que hay que averiguar, como en el caso de la historia que hemos contado.

En ese sentido, con cada cliente tenemos que tener la actitud de escuchar y adaptarnos a sus circunstancias, sus creencias, respetar sus decisiones y su forma de comprar. Cada cliente tiene sus particularidades que debemos respetar y no podemos actuar con todos de la misma manera. Hay que conjugar esto junto con nuestra capacidad de mostrarnos como vendedores expertos y líderes en el sector. Esto será un factor clave para fortalecer su confianza y profundizar en su lealtad.

El vendedor genera confianza en el cliente cuando se interesa realmente por ayudarle, cuándo busca dar un superservicio, no vender un superproducto. El vendedor tiene que querer dar un excelente servicio (ver también el consejo nº 24), ser un gestor para el cliente, un consultor, un experto, que le solucione sus problemas, no que le cree más problemas. La actitud es muy importante para generar confianza, por lo que el cliente debe notar que trabajas para ayudarle y no para ayudarte a ti mismo.

Esto incluye también el no exagerar ni mentir respecto a los beneficios de nuestros productos y servicios, ser honestos, éticos e íntegros con el cliente, no hablar mal de la competencia, ni de otros clientes, mantener una política de precios consistente y sin discrepancias entre clientes similares, no intentar vender lo que no necesita el cliente y no ocultar los problemas que puedan surgir, sino resolverlos.

La confianza no se construye solamente después de que el cliente ha comprado, sino que hay que fomentarla mucho antes de que el cliente potencial se convierta en prospecto calificado (ver también el consejo nº 39), antes incluso de tenerlo en nuestro punto de mira, y a ello deberá contribuir mucho todas las ultimas herramientas de "social selling", marketing de contenidos, educación y maduración de leads y prospectos, creación de imagen de marca y producto, etc., que en definitiva no son más que medios de aumentar la confianza del cliente en nuestra opción.

Igualmente, en el proceso de prospección, el cliente potencial tiene que pensar que el vendedor entiende y comprende sus problemas antes de poder confiar en las posibles soluciones.

Al respecto, disminuir los costes psicológicos e inseguridades asociadas que percibe el cliente respecto a nuestro producto es también un factor clave para aumentar su confianza en nuestra oferta (ver consejo nº 32).

Así pues, los mejores vendedores crean confianza a lo largo de todo el proceso. Pero uno de los esenciales es también en el momento de cumplir con lo prometido. Cumplir con lo vendido, con el valor anunciado, con nuestros compromisos. Y asegurarnos que cumplimos las expectativas creadas, las cuales no tenemos que incrementar de forma inapropiada. Tenemos que generar expectativas realistas que son las que producirán la necesaria confianza.

En definitiva, la confianza es uno de los elementos de la eterna ecuación para tener éxito vendiendo, y es de los que nunca pasará de moda, sigue estando más vigente que nunca e impregna la mayoría de los consejos de este libro.

Los clientes no compran a personas en las que no confían. ¿Hace falta que te diga más?...

Consejo nº 4: el Cliente sigue siendo el Rey

"Los grandes conocimientos engendran las grandes dudas."
(Aristóteles)

La era de la información ha cambiado las reglas del juego y la forma en que los clientes compran. El cliente es el que tiene el control. Es evidente que la empresa y el vendedor deben amoldarse a sus necesidades y no al contrario. Partir del cliente a la solución, y no al revés. El cliente sigue siendo el rey, le hemos dado todo el poder… ¡Y no lo quiere soltar!

En esta era de internet, antes de hablar con ningún vendedor, los compradores potenciales ya han avanzado en gran medida su compra y el conocimiento de tu producto, viendo tu web y el de tu competencia, redes sociales, blogs, contrastando opiniones, etc. Los clientes recorren más de la mitad del proceso por sí solos. De forma que cuando ese cliente contacta a un vendedor, necesita que le aporten algo más que todo lo que ya ha investigado en su avanzado proceso de compra.

El vendedor tendrá que adaptarse a este gran cambio y a estas nuevas tecnologías y sobre todo tendrá que especializarse para poder aportar ese valor adicional que el cliente necesita.

Será un vendedor profesional, o no será.

Pero más allá de los últimos cambios tecnológicos, somos seres humanos y eso no cambiará. Seguiremos necesitando analizar las necesidades del cliente, conocerles mejor, descubrir sus deseos y motivaciones, vender valores añadidos, definir nuestra propuesta de valor, conocer y diferenciarnos de la competencia, mejorar la experiencia del cliente, buscar su satisfacción, convertir cada venta en el principio de la siguiente con un proceso de ventas, fidelizar clientes y satisfacer con creces sus necesidades.

Que los árboles no te impidan ver el bosque. El vendedor sigue siendo más necesario que nunca, indicando el camino correcto al cliente como experto, como guía y consultor en su sector industrial, nicho o mercado. Es deber del vendedor el integrar su conocimiento en su producto y mercado con el conocimiento del cliente y sus necesidades, adaptando su propuesta de valor a cada cliente para ayudarle a comprar.

El cliente es el rey, pero como todo rey, necesita que alguien le aconseje…

Consejo nº 5: el Arte y Ciencia de Vender

"Un pintor es un hombre que pinta lo que vende. Un artista, en cambio, es un hombre que vende lo que pinta" (Pablo Picasso)

¿Vender es un arte o una ciencia?... Hay muchas opiniones al respecto. Hace poco leí esta frase: "las ventas son 80% ciencia, 20% arte, y el arte es saber cuándo aplicar la ciencia", con la cual no estoy del todo de acuerdo. El porcentaje variará con cada situación y con cada persona. El arte es el de crear valor, y en las ventas no puedes olvidar el lado humano, la parte emocional derivada de las interacciones humanas.

El arte mueve a las personas, y siempre ha tenido que ver con generar emociones, dar sentido y llegar al corazón. En ese sentido, buscamos lo mismo con el arte de vender, motivar, emocionar, transmitir, llegar al corazón del cliente y en última instancia moverle a comprar. El arte enamora y nosotros queremos enamorar al cliente, conseguir su compromiso y lealtad hacia la marca o producto.

Pero las ventas también son una ciencia, con sus leyes, reglas, métodos y datos medibles, sobre todo con la multitud de herramientas de análisis de datos comerciales, de estudios de mercado, de gestión de clientes, prospectos y oportunidades (CRMs), las múltiples ramas que estudian y analizan el comportamiento del consumidor, el neuromarketing y las neuroventas, los múltiples métodos y formulaciones de procesos de ventas junto con análisis de marketing, el "social selling", los automatismos de procesos de ventas online y offline, sin olvidarnos de todo lo relacionado con la psicología, técnicas de persuasión, etc.

Hablamos de conocimiento, conocimiento de técnicas de venta, de procesos y estrategias de ventas, de conocer el producto, el mercado, a los vendedores y sobre todo a los clientes. Por supuesto, todo el proceso de ventas tiene una parte de ciencia.

Si bien, y aunque podamos aplicar ciertas fórmulas a las ventas, siempre tendrán el componente relacional, humano, que la dotan de flexibilidad y de no estar los resultados garantizados como resultado de una ecuación, la cual siempre es subjetiva.

Cada persona es un mundo y no hay recetas infalibles para vender en todos los casos y a todas las personas, por lo que la creatividad es necesaria con cada cliente, es un juego de empatía y relaciones. Y todo eso aplicado a las ventas la convierte en arte. No hay dos clientes iguales. Las ventas se alimentan de la ciencia, y los resultados se materializan con el arte relacional.

El buen vendedor debe aportar valor, humanidad, honestidad y oficio junto con todas las ciencias necesarias para no solo cerrar la venta sino para conseguir clientes fieles. Al final debe ser un equilibrio entre ciencia y arte, el cual requiere también un enfoque creativo. En el equilibrio está el secreto del éxito.

Para ello, uno de los consejos de ventas que tiene que tener siempre en cuenta el vendedor, un jefe de ventas o el dueño de una empresa, es el de estar continuamente aprendiendo y actualizándose sobre las nuevas tecnologías y los avances que la ciencia le pueden proporcionar a su oficio. Pero sin olvidar que la ciencia no debe substituir al arte, sino complementarse.

Consejo nº 6: la Importancia de Conocer las Necesidades de tus Clientes

"La felicidad es un equilibrio entre la razón y el deseo."
(Aristóteles)

Este consejo, con modificaciones, formaba parte también de Vmym, pero creo que es necesario insistir en la gran importancia que tiene y por lo tanto no podía faltar en esta serie de consejos de ventas.

Al respecto, se oye mucho la frase: "hay que crear la necesidad al cliente"... No me cansaré de repetirlo, las necesidades no se crean, el hombre ha tenido siempre las mismas necesidades específicas o naturales, son universales, innatas al ser humano y no se crean. Es la forma de satisfacer tales necesidades, creando y construyendo nuevos medios para ello, lo que cambia a lo largo de la historia y de las sociedades.

Podríamos decir, metafóricamente, que las necesidades son como la segunda ley de la termodinámica, aquella que dice que "la energía no se crea ni se destruye, solo se transforma". Cambian los medios de satisfacer las mismas necesidades, de la misma manera que hoy se usa un coche cuando en su día se usaba un carruaje de caballos.

Las necesidades no se crean, pero hay que estimularlas y motivarlas. Hay que conocer y reconocer esas necesidades, averiguar cuales están detrás de cada cliente y estudiar como satisfacerlas.

Para poder definir todas las acciones destinadas a satisfacer al cliente, podemos utilizar la clásica clasificación de las necesidades de la pirámide jerárquica de Maslow. Si bien hay otros muchos modelos e interpretaciones, éste es el más extendido y es suficiente desde el punto de vista del vendedor y sus objetivos. Dicha pirámide incluía las siguientes necesidades: fisiológicas, de seguridad, sociales, de autoestima y reconocimiento, espirituales y de autorealización.

El lector curioso puede profundizar más por sí mismo y buscar en internet una explicación más detallada de cada una de las necesidades mencionadas.

El denominador común a todas ellas es la búsqueda de la felicidad. Todos buscamos la felicidad, aunque suele ser esquiva. La esperamos sin hora ni cita previa. La deseamos, incluso sin conocerla. La añoramos, la soñamos y la imaginamos.

¿Cuáles son los pilares o ingredientes de la felicidad?... Atrevido listado. Como siempre, no todos estarán de acuerdo, pero intentemos pensar que fueran por ejemplo: paz, salud, amor,... ¿y el cuarto?... el cuarto lo pones tú. Y tus clientes. Para algunos será el dinero, que dicen no da la felicidad, pero la condiciona. Para otros será el trabajo, la familia, para otros el placer, el éxito, las relaciones sociales, mantener la ilusión o incluso solamente el vivir el presente... unos la buscan dentro de sí mismos y otros en todas partes.

Al respecto de vivir el presente y de poner barreras a dicha felicidad, a veces son nuestros miedos al futuro y frustraciones del pasado las que no nos permiten ser felices en el presente, y son también dichos miedos y frustraciones las que frenan muchas veces a tu cliente a comprar. En ese sentido, más que buscar lo que motiva al cliente, a veces también es buscar lo que le desmotiva, cuyas raíces suelen estar en el pasado y en el futuro, en el miedo a no equivocarse y/o en no volverse a equivocar.

Ponte en el lugar de tus clientes, e intenta averiguar qué les hace felices. Intenta descubrir sus motivaciones y sus deseos, sus miedos pasados y futuros, cuáles son los ingredientes que buscan en su camino a la felicidad, cuáles son sus necesidades según la escala mencionada, y sobre todo ¿cómo puedes tú ayudarles?...

En este sentido, vender es satisfacer las necesidades del cliente, uno de los principios básicos, pero no el único…

Consejo nº 7: el "Secreto" de Vender sin Vender

"Dormía y soñaba que la vida era alegría, desperté y vi que la vida era servicio, serví y vi que el servicio era alegría." (R. Tagore)

Se habla mucho de vender sin vender, lo cual parece una contradicción, aunque no lo es. Es una frase que podemos encontrar en cientos de artículos, cursos de ventas, conferencias, libros, etc. Pero no se trata tan sólo de que no parezca que vendes cuando vendes, se trata de que la venta suceda de forma espontánea.

Se trata de que suceda como resultado de que el vendedor quiera y le guste resolver los problemas del cliente. No por la venta en sí, sino como una satisfacción que es parte de su persona.

Esto tiene que ver con ser auténtico, genuino, con estar interesado en los demás y despertar por lo tanto esa necesaria confianza en el cliente que percibe que no le están intentando vender, sino ayudar.

Vender no es el objetivo final del vendedor sino ayudar a comprar, a resolver problemas. Ayudar a otros, servir y aportar valor es el objetivo.

El vendedor más exitoso es aquel que tiene pasión por conectar con la gente y construir relaciones. No fuerza la venta. Piensa desde la perspectiva del cliente, entiende sus motivaciones e intenta satisfacer sus necesidades.

Quiere clientes satisfechos, no vender más productos, no simplemente más contratos. Asesora, comparte información, conocimiento y servicio. No genera falsas expectativas. Y si no puede ayudar a su cliente, se lo dice.

Todo lo anterior genera confianza y respeto. Y la venta simplemente sucede de forma natural como resultado.

Otra clásica frase muy repetida al respecto es: "nos gusta comprar, pero no nos gusta que nos vendan", la cual tiene mucho que ver con lo que estamos diciendo. El cliente no quiere sentir la presión del vendedor y por otro lado comprará cuando esté listo para comprar, cuando tenga la confianza necesaria, no cuando el vendedor quiera. El cliente es el que decide.

Por supuesto es necesario que el vendedor defienda su propuesta de valor, pero siempre buscando satisfacer al cliente, y no por la venta en sí. Se trata de convencer y persuadir, no de manipular ni imponer.

Hablamos de confianza, de que el cliente esté persuadido, incluso seducido, de motivaciones y deseos del cliente, de valores más allá del precio, de sentimientos y emociones, en definitiva de relaciones humanas. Se trata no de vender con la cabeza sino con y desde el corazón.

El "secreto" de vender sin vender no está en el proceso, ni en la apariencia, sino en nosotros mismos.

Se dice que todos los grandes cambios empiezan por uno mismo. Tenemos primero que mirarnos al espejo y entender porqué el cliente no quiere ser vendido. Quiere tomar la decisión por sí mismo, y entonces, si confía en ti, si le has aportado valor previamente, entonces te buscará, y te comprará. No vendas, ayuda a comprar. Eso es vender sin vender.

CAPÍTULO 2: SOBRE LOS VENDEDORES

Consejo n° 8: Logos, Pathos y Ethos

"Si quieres persuadirme, debes pensar mis pensamientos, sentir mis sentimientos y hablar con mis palabras" (Cicerón)

Para los que lo vieron y para los que no, es un placer retomar estas importantes habilidades de cualquier vendedor, que son a su vez, consejos de ventas también:

Se dice que vendiendo tienes que convencer, pero no sólo eso. Vender es también persuadir. Dijimos que convencer mueve la razón, mientras que persuadir en cambio mueve el sentimiento y la voluntad. Persuadir tiene que ver con emociones y sensaciones, mientras que convencer tiene más que ver con la lógica y con la cabeza.

La electricidad requiere dos polos opuestos para funcionar. Igualmente, vender necesita conectar lo racional con lo emocional, los datos con las ideas.

Conviene también recordar a los clásicos, pues seguimos dándole vueltas a lo que ya enunciaba Aristóteles en su "Retórica". Me refiero a los tres pilares de la retórica aristotélica que definen el arte de la persuasión: Logos, Pathos y Ethos. El Logos tiene que ver con la razón y la cabeza, con el discurso basado en el conocimiento, la lógica y los hechos empíricos. Pathos tendría que ver con las emociones y los sentimientos en el mensaje que pueden cambiar el estado de ánimo del receptor o el cliente en nuestro caso. El triángulo se completa con el Ethos, con la necesaria autoridad y credibilidad que aporta el vendedor y su capacidad de generar confianza en el cliente, su prestigio, carisma y reputación. Convencer, Persuadir y generar Confianza.

Precisamente hoy en día los clientes y consumidores están rodeados de múltiples datos y bombardeados de información (logos), les falta la confianza necesaria en las marcas (ethos), y por lo tanto se hace cada vez más necesario apelar a la emoción para persuadirles (pathos). En cualquier caso, en el mundo de las ventas es necesario combinar todo ello.

Por otro lado, no hay que confundir convencer con informar, lo cual suele ser un error de muchos vendedores que se convierten en catálogos o folletos andantes, siendo siempre necesaria una argumentación adicional que incluya beneficios y ventajas diferenciales respecto a la simple enumeración de características de un producto o servicio. También es imprescindible que las conclusiones de dicha argumentación se apoyen en hechos, pruebas, en datos verificables y creíbles. Por lo mismo, tampoco hay que pasarse y confundir convencer con imponer una opinión.

Tampoco hay que confundir la persuasión con la manipulación o con el engaño, pues nuestro objetivo siempre es fidelizar al cliente, que repita la compra, conseguir su compromiso, y no el endosar un producto de forma puntual.

Persuadir tiene más impacto que convencer, pero si sólo persuadimos, tarde o temprano, el cliente reflexiona y concluye que ha sido engañado, y que nuestra propuesta no le convence. En ese sentido, hay que combinar ambos, convencer con argumentos y persuadir con emociones.

Un claro ejemplo debiera ser un ingeniero comercial. La parte de ingeniería es la que debe convencer, y la parte de comercial es la que debe de persuadir. Y como hemos dicho, para ambos objetivos es muy importante la credibilidad y capacidad del vendedor para ser percibido por el cliente como un experto en su terreno, que tenga una imagen de marca personal (el famoso "personal branding") que genere confianza en el cliente respecto a su argumentación.

Y tú, pregúntate… ¿Solo intentas convencer?...

Consejo nº 9: Algunos Errores del Vendedor

"Conocerte a ti mismo es el principio de toda sabiduría"
(Aristóteles)
"Tenemos los vicios ajenos delante de los ojos y los propios a la espalda." (Séneca)

Para vender es necesario conocer tu producto, tu empresa y tu cliente. Pero también es fundamental conocerte a ti mismo como vendedor, pues tú eres también parte del producto.

Tenemos que empezar por conocernos a nosotros mismos, conocer las reacciones humanas y las emociones, las nuestras y las de los demás. En ese sentido vender tiene mucho que ver con la empatía, con ponerse en el lugar del otro.

Conocernos a nosotros mismos incluye reconocer nuestros errores. Tenemos que hacer un ejercicio de introspección y asumir la necesidad de superarnos.

Espero que la siguiente lista, con algunos de los errores principales que hay que evitar, haga reflexionar al lector curioso sobre los suyos, se reconozca en algunos de ellos y le motive a superarlos.

Por supuesto, el listado no es exhaustivo, hay muchos más, tantos como vendedores, tantos como personas y situaciones, pero si por lo menos evitamos los siguientes, aumentaréis en gran medida las ventas:

- No conocer al cliente como se debiera.
- Desconocer el producto y la compañía en la que se trabaja en profundidad.
- No hacer buen uso del material y herramientas de venta.
- No escuchar y hablar en exceso.
- Discutir con el cliente.
- No usar las emociones para motivar deseos de compra.
- No saber defender el precio.
- No saber contrarrestar las objeciones de compra.
- Cerrar la venta débilmente o no cerrarla en su momento.
- Poca constancia y capacidad de trabajo.
- No usar elementos diferenciadores.
- Centrarse demasiado en el producto, y no en el cliente.
- No filtrar adecuadamente los clientes potenciales y perseguir oportunidades sin sentido.
- Desconocer las técnicas esenciales de venta.

Muchas veces es nuestra ansia de vender la que nos hace cometer dichos errores. No nos centramos en el cliente, en ayudarle, en intentar descubrir sus necesidades, improvisamos sobre la marcha y no buscamos cómo solucionar sus problemas. Eso nos lleva a exagerar, a mentir, a no ser claros, a no provocar deseos de compra porque realmente no ponemos interés en conocer al cliente, no le escuchamos, hablamos en exceso, soltamos discursos "magistrales", el precio se convierte en el principal tema de discusión, no cerramos, y todo ello se junta con la falta de constancia y de conocimiento de técnicas de venta (que no hay que confundir con "trucos de venta")

Tenemos miedo al no, al no vender, pero en cambio no tenemos miedo a no ayudar, cuando ése debiera ser el objetivo principal. Miedo a perder la venta, pero en el camino perdemos al cliente… oímos, pero no sabemos escuchar, y si no le preguntamos y escuchamos no podemos conocer sus necesidades.

Si no conocemos o intentamos conocer a nuestro cliente nos convertimos en vendedores sin alma, que no ofrecerán soluciones, solo productos, y de esos hay miles y la mayoría parecidos, indiferenciados. Pero la ventaja diferencial puede ser el propio vendedor, el que realmente se interesa por conocer a su cliente y le aporta un valor adicional.

Otro gran error, anterior a los de la mencionada lista, es el de la falta de plan, de planificación previa. Ante cualquier entrevista con un cliente hay que tenerla mínimamente preparada (ver consejo nº 47) y afrontarla con mucha información y trabajo previo. Hay que hacer los deberes en casa. Por lo mismo, es muy importante conocer nuestro producto en profundidad, ser expertos en el mismo. Conocer el producto significa también conocer la empresa y las características de tu mercado, y a tu cliente en consecuencia.

También hay que recordar que una de las claves para el éxito es la creatividad. Estamos en la era de la innovación, el vendedor excelente debe ser creativo, buscar nuevos caminos para satisfacer al cliente, aplicar la creatividad para diferenciarse, encontrar nuevos modos de ayudarle y nuevas soluciones para fidelizarle.

Trabaja en mejorarte a ti mismo. ¿Cometes alguno de estos errores cuando vendes?... Mírate al espejo. Ya.

Consejo nº 10: Habilidades Imprescindibles del Vendedor

"la cosa más difícil es conocernos a nosotros mismos"
(Tales de Mileto)

A los vendedores se les exigen muchas características y habilidades. Algunas son más específicas y otras muchas son comunes también a otras profesiones. De hecho, y entre otras muchas, la capacidad de escucha, de empatía y de generar confianza también se la podemos exigir a un médico, un abogado o un arquitecto, por ejemplo.

Pero el vendedor las debe desarrollar todavía más para convertirse en un vendedor excelente y tener éxito vendiendo.

La venta siempre ha sido algo social, y como tal depende de las personas. La influencia de las personas en los resultados en ventas sigue siendo superior a los procesos y a la tecnología. En algunos puestos comerciales de menor nivel y algunas de las situaciones B2C más sencillas puede ser verdad que un buen proceso de ventas, estructurado y bien definido, puede subsanar las posibles deficiencias del comercial e incluso ser inmune a la rotación de dichos comerciales.

Pero en ventas más complejas, sobre todo en entornos B2B, el peso del vendedor y sus habilidades influye en mayor grado en el éxito final. Incluso teniendo un buen proceso, el cual no deja de ser una condición necesaria, pero no suficiente, es necesario que los buenos vendedores puedan sacar el rendimiento óptimo de dicho proceso con la capacidad y desarrollo de sus habilidades personales.

Para ello, el buen vendedor debe mezclar actitud con aptitud y estar en constante aprendizaje. No es algo mágico, sino que se necesita entrenamiento y seguir mejorando y puliendo estas habilidades.

Muchas son obvias, se han repetido miles de veces, pero como muchas veces no se cumplen y son esenciales, es bueno recordarlas:

- Conocer a fondo el producto y la empresa.
- Conocer a fondo la competencia.
- Conocer a fondo a tu cliente.
- Practicar la escucha activa.
- Saber hacer preguntas inteligentes.
- Saber vender características+beneficios+ventajas.
- Saber diferenciarse.
- Tener ganas y actitud sinceras de ayudar al cliente a comprar.
- Tener empatía y capacidad de ponerse en el lugar del cliente.
- Ser creativo.
- Tener perspectiva y visión de futuro.
- Tener automotivación.
- Disfrutar de su trabajo, tener pasión.
- Ganas constantes de aprender.

- Ser capaz de generar confianza y credibilidad.
- Ser constante.

Conocer bien lo que vendemos, nuestro mercado y a nuestros clientes, poniéndonos en su lugar con empatía, le da al cliente seguridad y confianza, y a nosotros la credibilidad de ser profesionales, sobre todo si vendemos beneficios y ventajas que nos diferencian de la competencia, con la firme y sana intención de ayudar al cliente a comprar, satisfacer sus necesidades de la forma más creativa posible, e intentar siempre mejorar nuestras soluciones para fidelizar al cliente con una perspectiva de futuro.

Esto incluye practicar la escucha activa que debe combinarse con la capacidad para hacer preguntas inteligentes, junto con la motivación y las ganas de aprender constantes, fruto todo ello de la pasión y capacidad de disfrutar vendiendo (ver capítulo 3: sobre Escuchar y Preguntar).

Se habla mucho de que vender ha cambiado y también que los clientes han cambiado. Ambas afirmaciones son ciertas, pero eso no significa que nos olvidemos de principios prácticos y universales como los de la lista, y nos volvamos locos con nuevas tecnologías, nuevas prácticas y herramientas o técnicas de venta que prometen transformar la realidad comercial o que lo explican todo desde el córtex cerebral.

Todas las competencias y habilidades listadas suponen un auténtico valor añadido para los profesionales de las ventas y son desde luego apreciadas y valoradas por los clientes. No nos olvidemos de ellas.

Consejo nº 11: la Nueva Perspectiva del Vendedor

"Lo único que no cambia, es el cambio." (Heráclito)

Una de las habilidades esenciales del vendedor excelente es su perspectiva y visión de futuro, que le permite ver lo que otros no ven, adaptándose a los cambios del mercado e incluso anticipando esos cambios.

Pues bien, uno de esos cambios que el vendedor tiene que anticipar es el de reinventar su propia profesión comercial. Se ha dicho y repetido que internet ha cambiado completamente la relación entre los clientes y los vendedores o las empresas. Aparte de la compra online, hemos dicho que gran parte del proceso de compra se realiza antes de contactar con un vendedor. Afecta no solo al B2C sino también al B2B. El cliente ha buscado, estudiado, comparado y avanzado en su búsqueda de soluciones antes de contactar con una empresa o ir a una tienda. El cliente conoce casi todo de tu producto y empresa antes de conocerte. Y tú en cambio, no le conoces todavía a él… Estás en desventaja.

En ese sentido, el vendedor debe ser capaz de aportar un valor adicional que el cliente no haya encontrado antes en la página web de la empresa, en la de sus competidores, en sus búsquedas de opiniones, artículos, blogs, etc. El vendedor debe convertirse en un consultor y ayudar al cliente en su proceso de compra, ayudar a través de la venta consultiva a tomar la mejor decisión.

Tiene también que dar un servicio excelente, mejorar la experiencia del cliente más allá de la virtual a través de la relación personal y resaltar la propuesta de valor ante los problemas nuevos y futuros del cliente. O eso, o su futuro pasa por ser reemplazado por robots, por inteligencia artificial, si su trabajo no va más allá de ser un recoge pedidos o un despacha clientes.

Pero no hay que preocuparse tanto, las nuevas tecnologías no reemplazarán completamente al vendedor. Por supuesto, habrá determinados puestos de trabajo que desaparecerán. Aquellos en los que no hay un aporte de valor adicional. Pero otros nuevos se crearán también.

Toda la transformación digital afectará a nuevos patrones de compra y consumo y a muchos cambios socioculturales que producirán nuevas y múltiples oportunidades de crecimiento. Habrá nuevos canales de venta a los que el vendedor profesional tendrá que adaptarse. Pero siempre habrá un componente relacional, un equilibrio entre la inteligencia humana y la artificial.

A pesar de tantos cambios que dicen nos traerá el futuro, muchas de las habilidades de los vendedores más apreciadas por los compradores seguirán siendo las de toda la vida: confianza, amabilidad, profesionalidad, paciencia, presencia, empatía, sinceridad, honestidad, integridad, creatividad, flexibilidad, capacidad de respuesta, de comunicación, de gestión, y de actuar siempre para beneficiar el interés del cliente. Algunas cosas nunca cambian.

Como hemos dicho al principio, las empresas de hoy no buscan ganarse a los clientes, sino conquistar sus corazones. Y eso no lo podrá hacer un robot. Una máquina no tiene alma ni creencias, la tecnología nunca tendrá el espíritu. Vender es humano y es entre personas, y eso significa hablar de emociones, tanto las del vendedor como las del cliente, pues son ambas las que hay que considerar y conjugar, siendo muchas veces las que van a decidir la venta para un lado o para otro.

Cambia tu perspectiva. No te conviertas en un robot.

CAPÍTULO 3: SOBRE ESCUCHAR Y PREGUNTAR

Consejo nº 12: Escucha a tu Cliente

"Tenemos dos orejas y una sola boca, justamente para oír más y hablar menos." (Zenón de Citio)

El vendedor no sólo tiene que saber hablar, y ser capaz de convencer y persuadir, sino que primero tiene que saber escuchar. Escuchar es la base de la venta. De hecho, el que tiene que hablar es el cliente, que necesita que alguien le escuche.

No hay que hablar por hablar, ni dar grandes charlas magistrales. El vendedor no debe hacer un monólogo, hay que dejar que el cliente hable y propiciar una conversación abierta.

No malgastes el tiempo aburriendo al cliente con un discurso prefabricado, repetitivo y no centrado realmente en lo que el cliente necesita. Escuchar nos ahorrará tiempo y esfuerzo, a nosotros y al cliente (ver también consejos nº 30 a 33).

Escuchando demuestras que te interesas por su problema, que te pones en su lugar, con empatía, y que tienes interés real en satisfacer sus necesidades.

El cliente nos ofrece información y la información es poder. Sin dicha información no podemos identificar oportunidades para nuestra propuesta.

Ahora bien, hablando de satisfacer sus necesidades y encontrar previamente el problema, a veces lo que el cliente piensa y expresa que necesita no es realmente lo que necesita (!), es necesario averiguar el porqué lo necesita, buscar el problema que hay detrás.

Pongamos un ejemplo: yo puedo tener goteras en unas cañerías y pensar que necesito reparar esas goteras, que creo son debido a la mala unión de dichas cañerías. Pero realmente el problema puede ser debido a que la bomba de presión suministra una presión demasiado elevada que está dañando todo el circuito y provocando esas goteras en las juntas. Realmente necesito una válvula reductora de presión a la entrada de la instalación para evitar que siga sucediendo. En el primer caso el vendedor puede llegar a arreglar un problema aparente, pero no el real. En el segundo vamos más allá de lo que el cliente dice que necesita, que no siempre es lo que realmente necesita, vamos directos al porqué. Este cambio de actitud a la hora de buscar el problema nos llevará realmente a encontrar la solución adecuada, y que como hemos dicho, no tiene porqué ser necesariamente la que piensa el cliente que es.

Si no escuchamos, y no hemos encontrado previamente el problema, no podemos dar soluciones. Escucha, escucha mucho, y venderás más.

Consejo nº 13: la Escucha Activa

"Para saber hablar es preciso saber escuchar" (Plutarco)

Hemos dicho que el buen vendedor debe ser un experto en su mercado, pero también que nunca deja de aprender. Por eso los que realmente sobresalen escuchan y absorben cualquier información adicional que sus clientes le aporten sobre su nicho o mercado. Escuchar es también una oportunidad de aprendizaje, y convertir el mensaje del cliente en nuevas propuestas de valor, una oportunidad de crecimiento personal y profesional.

Para ello es necesario poner en práctica una serie de actitudes como ser empático (lo cual no quiere decir que tengas que ser obligatoriamente simpático, pero acaba siendo una consecuencia), ser positivo, tener un genuino deseo de ayudar al cliente, ser curioso y estar siempre dispuesto a aprender cosas nuevas, tener una mente abierta, disfrutar con la conversación, y ser sociable en general.

Todo esto también forma parte en realidad de lo que llamamos escucha activa, que se diferencia de otras menos completas en las que escuchamos sin prestar realmente atención.

Así pues, otros posibles consejos para mejorar la escucha activa con los clientes son:

- **Tomar notas de lo que habla tu cliente**: es habitual en las reuniones, demuestra interés y te ayuda a organizar los puntos clave sobre los que organizar tu propio argumento, así como no olvidar ninguno que sea importante. En cualquier caso es importante tomar notas mentales, resumir, retener los puntos más importantes y ordenar dichas ideas en nuestra mente.

- **No interrumpir al cliente**: no es cuestión de escuchar para rebatir, nuestra intención es entenderle. Interrumpir transmite la sensación de que no nos interesa lo que nos dicen. Eso no quita que también debemos hacer preguntas para entender mejor lo que nos quieren decir si es necesario, ya sea para aclarar o para confirmar parte del mensaje.

- **No prejuzgar**: los juicios preconcebidos sobre cualquier asunto o sobre las personas con las que tratas te llevan a no escuchar y a no poder descubrir lo que necesitamos para ayudar a la otra persona.

- **Evitar distracciones**: antiguamente no hacía falta decirlo, pero hoy en día empieza a ser necesario recordar que debemos evitar distracciones tecnológicas que llegan incluso a ser una falta de respeto hacia el cliente. Si estamos mirando el móvil continuamente no escuchamos y si respondemos llamadas mientras estamos reunidos se interrumpe innecesariamente la comunicación. El móvil, mejor apagado, en silencio o apartado. Y lo mismo aplica para cualquier otro dispositivo. Es necesario concentrarse.

- **Intentar conectar**: no tienes por qué estar necesariamente de acuerdo con el punto de vista del cliente, pero como nos interesa entenderle, es más importante la opinión del cliente que la tuya. Tu punto de vista no te proporciona información nueva sobre la que poder trabajar. Por supuesto es importante buscar también puntos comunes que nos sirvan para aumentar la capacidad de conectar con el cliente, y si es posible, conectar emocionalmente. Las personas siguen comprando a personas, y sobre todo a aquellas con las que conectan y comparten intereses.

- **Escuchar lo que no dicen**: no solo hay que escuchar lo que dicen los clientes, sino también lo que no dicen, y preguntarnos por qué no lo dicen, lo cual también tendrá mucho que ver con nuestro conocimiento del cliente, con sus circunstancias actuales, su empresa, su tipo de trabajo en la misma y su actitud ante el vendedor. Hay que intentar ir más allá de las palabras y buscar la causa de lo que estamos escuchando.

- **Sonreír:** no hay que olvidar el tener buen humor aunque esto no significa que tengas que ser gracioso. En ese sentido no hay que olvidar algo muy necesario y humano: sonría, por favor. Repito: sonría. Las neuronas espejo de tu cliente lo agradecerán.

Si bien nos referimos sobre todo al caso de la relación cliente/vendedor y a los diversos puntos de contacto de ambos a lo largo del proceso de ventas, no hay que olvidar también que debemos escuchar a nuestros clientes a través de otros medios, como puede ser escuchar lo que dicen a través de sus redes sociales, foros, publicaciones, en sus páginas web y blogs y sus opiniones y reseñas de productos. En general, escucharles en cualquier sitio donde su voz nos ayude a conocer y entender mejor sus problemas, motivaciones, proyectos actuales y futuros y, si es posible, lo que piensan y opinan los clientes tanto de nuestros productos como los de la competencia.

Por cierto, escuchar debe ser una constante en todo el proceso, no sólo hasta que se firma el contrato… Tanto antes, durante y después de la venta hay que seguir escuchando. Hasta tal punto que preguntar y escuchar al cliente después de la compra serán la base sobre la que construir su satisfacción y posible fidelidad al producto o servicio. Escucha sus quejas, problemas, críticas y sugerencias con tu producto o servicio y aprende de ellas.

Uno de los puntos clave en ese proceso es la gestión de reclamaciones. Por otro lado, las quejas son información gratuita sobre errores que nos ayudarán a mejorar. Necesitamos conocer dichos errores para evitar repetirlos, y son opciones no solo para recuperar un cliente sino también para fidelizarlo si tal servicio postventa ha sido excelente, aumentando la posibilidad además de que nos proporcione referencias positivas con otros clientes.

Una de las mejores opiniones que podemos tener de un cliente es "me he sentido escuchado" o "me han comprendido". Cuando la gente se siente escuchada, se siente valorada. La escucha empática, ponernos en el lugar del cliente, comprenderle, entenderle y aceptarle. No se trata de fingir que escuchamos mientras pensamos qué le vamos a decir con respuestas prefabricadas o preparadas. Escuchamos para ayudar. Un tipo de escucha que genera confianza, la cual ya hemos dicho que es imprescindible para vender hoy en día.

Así pues: ¿estás dispuesto a escuchar de verdad o prefieres continuar hablando en exceso?... la pelota está en tu tejado.

Consejo nº 14: Preguntas Inteligentes

"¿Me preguntas por qué compro arroz y flores? Compro arroz para vivir y flores para tener algo por lo que vivir." (Confucio)

Hemos dicho que es muy importante escuchar al cliente, pero… para que el cliente hable hay que preguntar también. Pero no cualquier pregunta, sino preguntas dirigidas y sobre todo preguntas de calidad. Y no se trata de realizar interrogatorios…

Vender no se debe convertir en un molesto interrogatorio para el cliente, no hay que hacerlo sentir incómodo, se debe mantener una sana conversación dirigida hábilmente con nuestras preguntas. Y más allá de solucionar problemas hay que buscar ser aliados del cliente, en línea con sus objetivos presentes y futuros.

Los mejores vendedores hacen a sus clientes y prospectos muchas preguntas de calidad para determinar completamente sus necesidades, problemas, deseos y expectativas. Haga las preguntas correctas y el cliente potencial le dirá lo que quiere y cómo lo quiere.

Siempre debemos buscar el hacer preguntas inteligentes, aquellas con cuyas respuestas podamos trabajar, buscar información valiosa para conocer y entender su negocio, sus problemas, la relación con sus actuales proveedores, sus expectativas de negocio, sus proyectos actuales, lo que espera de nuestra propuesta, etc.

Pero lo más importante es que estas respuestas que queremos obtener deben tener un carácter específico, medible, realista, con objetivos claros y encuadrados en un plazo de tiempo. Esto es de especial relevancia a la hora de cualificar prospectos (ver consejo nº 44: Más Allá del BANT).

Solo así podremos adecuar nuestra solución a sus problemas y necesidades reales y seremos capaces de destacar realmente los beneficios y ventajas que realmente pueden ser valorados y aceptados por el cliente como tales (y no centrarnos equivocadamente en los que no van a valorarse).

En muchas ocasiones dicha propuesta tendrá que ser personalizada, haciendo más relevante la necesidad de hacer preguntas dirigidas para obtener respuestas que nos permitan ayudarle.

En definitiva, hacer preguntas inteligentes para obtener información valiosa. Preguntas de calidad para vender más. Preguntar, escuchar, entender, comprender y aportar valor.

Consejo nº 15: sobre Tipos de Preguntas

"Juzga más al hombre por sus preguntas que por sus respuestas."
(Voltaire)

Hemos dicho que debemos hacer preguntas inteligentes, ¿pero qué tipo de preguntas?...

Recordemos primero aquello que se decía antiguamente de que el vendedor tiene que empezar por hacer preguntas abiertas para luego ir afinando con preguntas cerradas (de sí o no) o con preguntas alternativas (entre dos opciones).

Las preguntas abiertas son imprescindibles para empezar a conocer las necesidades del cliente. Intentamos conocer: quién, qué, dónde, cómo, cuándo, cuál y por qué. Con ellas demostramos interés por el cliente y nos ayudan a dirigir el dialogo. Las preguntas cerradas o alternativas no se suelen usar al principio y tienen sentido al intentar llegar a un acuerdo, cerrar la venta, o confirmar datos, necesidades, problemas o cualquier otro asunto que requiera dicha confirmación durante la fase de preguntas abiertas, y también para delimitar las opciones en la fase de cierre.

Todo esto está muy bien, pero en la práctica el problema surge cuando las respuestas del cliente son demasiado generales, amplias, poco claras e incluso ambiguas. El vendedor se suele quedar con la idea de que el cliente ha respondido, pero los datos que nos da no nos sirven en la práctica, no nos ayudan a ayudarle.

Por ejemplo, como respuesta a una de nuestras preguntas abiertas, podemos aceptar la de un cliente que nos dice que sí, que este año piensan invertir en nuevos equipos o maquinaria para su empresa. Generalmente, el vendedor da por buena esta información y, ávido de vender, intenta inmediatamente ofrecerle sus equipos o maquinaria. Pero esa información no es medible, ni específica, ni tiene un plazo. Nos interesa saber el porqué, cómo, cuándo y qué objetivos tienen. Conocer por ejemplo si tienen pensado invertir en nueva maquinaria porque quieren ampliar la fábrica, y por ejemplo que esto pueda ser porque tienen el objetivo de entrar en un nuevo mercado; si están desarrollando productos nuevos para sus clientes, qué problemas o competencia tienen en dicho nuevo mercado o producto, qué retos tienen, cual es el presupuesto asignado a cada partida y qué plazos más específicos se están planteando; nos interesa conocer los problemas que pueden tener en el proceso para cumplir con todo ello y en qué podemos ayudarle nosotros a conseguir dichos objetivos en los plazos previstos y con las soluciones y opciones más adaptadas a sus planes de una forma realista.

Conociendo toda esa información sí podremos tener datos en los que basar una propuesta más convincente y en la que aportar valor, pues estará más acorde a sus necesidades. Por lo mismo, tendremos más y mejores argumentos más allá del precio y de la guerra de precios con la competencia.

En definitiva, antes de pasar a preguntas más cerradas es necesario conseguir respuestas a las preguntas abiertas que sean, como hemos dicho, más específicas, cuantificables, realistas y dentro de un plazo o plan temporal definido. Todo ello sin dejar de mirar de reojo a lo que pueda ofrecer la competencia y a analizar qué opciones tiene el cliente sobre la mesa o puede llegar a tener y qué ventajas y beneficios están buscando principalmente.

Ejemplos puede haber miles, así como preguntas adaptadas para cada caso, situación y cliente. De hecho el lector curioso podrá encontrar en internet listados y series de preguntas típicas, pero lo importante es entender el concepto para poder adaptarlo al mercado, producto o servicio particular del vendedor.

Es decir, para ofrecer más soluciones que solamente productos, tenemos que averiguar primero los problemas, contrastar sus problemas con nuestras soluciones, y poder centrarnos en las ventajas y elementos diferenciales que sí satisfacen dichas necesidades, las que sí van a producir un mayor valor percibido.

Podemos citar también como referencia el clásico y famoso método SPIN donde a través de 4 fases de preguntas previas a la introducción de tu producto en la conversación (Situación, Problema, Implicaciones, Necesidad) se lleva a los clientes a descubrir su problema primero, hacerlas explícitas, que quiera solucionarlo y entienda los impactos negativos de dicha situación, para luego proponer nuestro producto, nuestra solución a su problema.

El lector curioso podrá profundizar más al respecto pero lo importante es entender que éste y cualquier otro método similar se enfoca en conseguir la atención del cliente en buscar soluciones a sus problemas y que descubra, con más o menos entusiasmo, la serie de ventajas y beneficios de conseguirlo con tu producto, mientras se construye una relación personal de confianza.

Y ahora,… ¿Ya sabes qué preguntar?...

Consejo nº 16: haz la Prueba, Pregunta a tus Clientes

"Todo lo que escuchamos es una opinión, no un hecho. Todo lo que vemos es una perspectiva, no es la verdad." (Marco Aurelio)

No solo hay que preguntarles a nuestros clientes en el momento de venderles. Es igual de importante preguntarles después, conocer si están satisfechos y averiguar si ha habido algún problema. El objetivo no es vender algo y luego desaparecer.

Hay que recordar aquí que solo un porcentaje pequeño de los clientes se quejan de forma efectiva. Concretamente, más del 95% de los clientes insatisfechos se callan y no te lo hacen saber. La mayoría simplemente se van, no vuelven a comprar y no nos enteramos.

Otro de los puntos a mejorar en nuestra estrategia es el de favorecer que el cliente pueda expresar su opinión, que no piense que no sirve para nada, que no tenga dificultad para hacerlo (sin trámites engorrosos) y que no suponga una confrontación. El cliente debe tener la constancia y seguridad de que la empresa se preocupa por la satisfacción de sus clientes y deben existir canales de comunicación claros y definidos entre el cliente y la empresa.

Si no tienes definido un servicio, departamento o sistema de resolución de incidencias, reclamaciones o quejas de clientes, es el momento de pensar los beneficios que supone mantener a un cliente (lograr un cliente nuevo es mucho más caro que retener uno antiguo), y entender que no es solo un servicio post-venta, sino que forma parte del plan de fidelización y de la estrategia de ventas.

Pero eso se refiere a la parte reactiva, y para el lector curioso hay muchos libros e información al respecto en internet de cómo integrar mejor esos servicios (por ejemplo usando el CRM) y cómo optimizarlos. Pero lo que quiero destacar en este consejo es la parte proactiva, no la reactiva. No esperemos a que los clientes se quejen, no esperemos a que ellos nos pregunten, preguntémosles primero.

Por otro lado, preguntar al cliente ayuda a construir una buena experiencia de servicio, mejora nuestra relación con ellos, incrementa su confianza por la atención que le damos y puede reforzar su lealtad y recomendaciones a terceros.

Haz una prueba muy sencilla, levanta el teléfono, y llama por ejemplo a una decena de clientes, incluso aquellos que tú crees son buenos clientes, y pregúntales:

- ¿Qué le gustaría cambiar de nuestro servicio?
- ¿Qué necesidades no hemos resuelto?
- ¿Qué sería ideal para ti?

Haz la prueba. La respuesta te sorprenderá...

Consejo nº 17: haz la Prueba, Pregunta a tus Clientes (II)

"Pregunta lo que no sepas y pasarás por tonto durante unos minutos; no lo preguntes, y serás tonto durante tu vida entera".
(Proverbio chino)

Todos estamos obsesionados en cómo vender más, y cómo vender mejor a los clientes. El caso es que a veces nos complicamos demasiado la vida. Pensamos tanto en nosotros que no pensamos en ellos, en nuestros clientes.

Hemos dicho que el foco debe estar en el cliente, y partir del cliente a la solución y no al revés. Realmente, la respuesta a ese cómo vender más es un por qué... ¿Por qué nos compran?...

Haz el ejercicio de pensar por qué te compran tus clientes. Dedícale un tiempo y sé sincero contigo mismo. Piensa sobre todo en cuál es tu propuesta de valor más importante para ellos.

Ahora haz la prueba de nuevo, llama por ejemplo a una decena de los últimos clientes que te compraron y pregúntales:

- ¿Por qué razón te compraron a ti?
- ¿Por qué razón no te hubieran comprado?
- ¿Por qué razón comprarían a la competencia?

Contrasta sus respuestas con las que tú pensabas que eran.
Si son las mismas, ¡Enhorabuena!

Si no lo son, ahí tienes la respuesta a cómo vender más. Depende de saber qué valora más tu cliente de tu producto o servicio y qué no le gustaría que cambiase.

Tienes que repensar tu propuesta de valor a raíz de dichas respuestas, analizar cómo la transmites, si realmente es la que le llega al cliente y cuál es el auténtico valor percibido de tu oferta.

Es muy importante analizar también las razones por las que comprarían a la competencia. Esas respuestas te darán pistas para fortalecer tu estrategia de fidelización de clientes, saber qué no debe fallar para que se vayan a la competencia y cuáles son las amenazas futuras que debes prevenir para no perder clientes.

Por otro lado, también puede ser un estupendo ejercicio para comprender si la experiencia del cliente está siendo agradable, saber lo que más valoran de la misma y si hay barreras que pueden llegar a obstaculizar dicha experiencia.

Haz la prueba. Posiblemente te sorprendas.

Consejo nº 18: No Discutas con tu Cliente

"Una discusión prolongada es un laberinto en el que la verdad siempre se pierde" (Séneca)
"No hay que apagar la luz del otro para lograr que brille la nuestra" (Gandhi)

Discutir no lleva a ninguna parte. O solo a una, a perder la venta.

Se pueden mantener posiciones enfrentadas, pero nunca hay que discutir. En cualquier caso, cada uno en su lugar, sin sentirse intimidado. Tampoco hay que caer en el servilismo ni prometer lo que no se puede cumplir. Tampoco en lo contrario, en el pasotismo y la indiferencia.

Y si lo que el cliente espera o quiere no se lo podemos dar, no tiene sentido discutir.

No vas a ganar una discusión, pues ambos perdemos, nosotros y el cliente. Y todos tenemos días difíciles. Lo que tienes que hacer antes de nada es simplemente escuchar. A veces es su culpa. A veces es la nuestra, pero en realidad no importa. Lo importante es mantener la relación y avanzar hacia adelante. Hacerle entender al cliente que trabajarás para resolver el problema.

Escucha, no interrumpas, tampoco te escondas ni te lo tomes como algo personal. Deja que se desahoguen y hazles ver que les entiendes, y que vas a trabajar con ellos, pero no prometas nada que luego no puedes cumplir.

Por supuesto, todo esto tiene también mucho que ver con la escucha activa, con la empatía y la actitud de servicio. Debes ponerte en el lugar del cliente, con empatía y tener un interés real en satisfacer sus necesidades, con actitud serena y calmada.

Ya estén felices o enfadados, tus clientes siempre esperan que los escuches y que te preocupes por solucionar sus problemas.

Se pueden dar muchos consejos para no llegar a situaciones desagradables, pero todos deben partir de identificar nuestras propias emociones. Hay que tener actitud de servicio y ganas de solucionar los obstáculos. Analizar qué ha desencadenado la hostilidad en el cliente, las causas reales, objetivas, y no obstinarse en posiciones enfrentadas que solo avivan el conflicto.

Para evitar que surjan los problemas que pueden llevar a dicho conflicto es muy importante conocer bien como funciona nuestra empresa, nuestro producto, y entender la experiencia del cliente. No solo creer conocer todos los puntos y fases de interacción con nuestra empresa y nuestro producto, sino que lo importante es saber cómo se siente el cliente en cada uno de ellos.

No hay que olvidar que somos personas y son las sensaciones y emociones, más que la lógica, las que dictan la mayoría de nuestras decisiones. Comprender cómo es realmente, y no cómo pensamos que es dicha experiencia del cliente, nos ayudará a encontrar los puntos donde se puede sentir frustrado, perdido o engañado. Detectar esos defectos del proceso es una gran oportunidad para ayudar a nuestro cliente, para servirle mejor y evitar la posible discusión. No hay que dar razones para la queja. En este sentido la mejor defensa no es el ataque, sino prevenir la guerra.

Esto no significa que la famosa frase: "el cliente siempre tiene razón" sea un dogma de fe o un principio innegable. Como persona que es, puede no tenerla, y no pasa nada. No hay que entrar en la discusión de quién tiene la razón. El cliente puede no tenerla, pero siente que la tiene, y eso es lo que nos debe importar, y es nuestra labor averiguar el porqué es así y hacerlo de forma rápida, pues cuanto más tiempo pase mayor será el distanciamiento del cliente y la dificultad para evitar la ruptura.

Si durante el análisis de dichas causas descubres que fue un error tuyo, no intentes disimularlo como que no lo fue. Siempre hay que disculparse ante el cliente, si es necesario incluso compensarle por el error y asegurarte que con ese cliente, o con cualquier otro, no se repita el mismo error. Pon medios para evitarlo y recuerda siempre en construir y mantener una buena relación futura. Es más fácil y menos costoso conservar un cliente que ganar uno nuevo.

Empatía, escucha activa, amabilidad, respeto, calma, control de la situación, enfriamiento de las hostilidades, conocimiento, análisis, rápida gestión, búsqueda de soluciones, actitud de servicio y construcción de relación. Pero ante todo, prevención.

La mejor discusión es… la que nunca comienza.

Consejo n° 19: la Comunicación No Verbal

"Las palabras están llenas de falsedad o de arte; la mirada es el lenguaje del corazón." (William Shakespeare)

Hemos resaltado la importancia de escuchar, de preguntar y de no discutir con los clientes, pero es necesario destacar que una gran parte de la comunicación es también no verbal, y por lo tanto el vendedor debe también incorporar a sus habilidades la capacidad de interpretarla.

Si bien es un tema muy extenso y hay muchos libros y ciencia al respecto, por lo que aquí solo quiero hablar de su importancia, e invitamos al lector curioso a profundizar sobre este tema que desde luego tiene mucha aplicación en el mundo de las ventas. Entre otras cosas, nos permite conocer mejor a nuestros clientes, sobre todo en el caso de lo que no dicen, pero que expresan de una manera u otra a través del cuerpo, el lenguaje corporal, los gestos y el tono de voz.

Los estudios al respecto hablan de que el lenguaje no verbal puede incluso ser superior que el contenido verbal, teniendo mayor peso cuando están implicadas emociones y sentimientos, aunque el porcentaje es muy variable.

El vendedor puede en ese sentido aplicar este conocimiento para negociar mejor con sus clientes, descubrir reacciones a nuestra argumentación y propuesta, así como adelantar conclusiones para reaccionar, variar y acomodar su discurso y actitud durante cualquier reunión.

Todos tenemos emociones que cuando son suficientemente intensas no podemos evitar expresar y que pueden ser descifradas a raíz de los gestos de la cara, labios, ojos, posición y actitudes corporales, etc.

Por supuesto también puede ser una gran ayuda entender esas señales emocionales para llegar a empatizar con nuestro cliente, entender sus motivaciones profundas y conectar mejor con él.

El lenguaje corporal nos puede decir mucho de nuestro interlocutor sin decir una palabra. Desde la forma en que nos vestimos, la distancia a la que hablamos que nos revela el nivel de confianza, el respeto por el espacio personal, el contacto corporal, la forma de sentarse y el sitio donde nos sentamos que nos pueden indicar una actitud competitiva o cooperadora, la forma de saludarse, la posición de los brazos y las piernas en forma de barrera, la orientación del cuerpo según nuestro mayor o menor agrado con la persona, el movimiento corporal que puede ser contradictorio con el contenido verbal y demostrar nerviosismo, inquietud, etc.

Los gestos y movimientos de manos y la cabeza al hablar también suelen ser muy significativos y pueden demostrar estados emotivos así como demostrar el convencimiento o no sobre lo que argumenta el vendedor.

También es necesario indicar que hay gestos que significan cosas distintas en según que países y que hay que considerar, como por ejemplo el caso de mover la cabeza de lado a lado en India para indicar que sí o como asentimiento, cuando en otras culturas es de arriba abajo.

La expresión facial, los gestos y la mirada influyen mucho en la forma en que conectamos con otras personas y las emociones que nos despiertan. Con ellas también comunicamos nuestro posible interés, alegría, temor, nuestra atención, nuestro disgusto y sirven para reforzar la comunicación verbal y expresar nuestras emociones.

La frecuencia con la que miramos al otro y mantenemos el contacto ocular puede demostrar también interés, agrado, superioridad, credibilidad, inseguridad, estatus y muchas otras interpretaciones dependiendo de la forma de mirar y del tiempo de prolongación de dicho contacto.

Se suele mirar más cuando se escucha que cuando se habla, y dicho contacto ocular puede también dirigir el flujo del dialogo entre cliente y vendedor y cuando tiene que hablar uno u otro.

El tono, volumen y ritmo de voz también pueden revelar si estamos abiertos a la conversación, a la interacción, si somos introvertidos o extrovertidos, y refleja nuestro estado emocional, entre otras cosas.

Por supuesto no podemos olvidarnos de la sonrisa que siempre tiene un efecto positivo, relaja la tensión, resulta atractiva y a fin de cuentas tiene que ver con la felicidad de la que ya hemos hablado.

Es importante pues que el vendedor excelente profundice en estos temas, no solo para conocer mejor a su cliente, sino también para controlar mejor sus movimientos de brazos, manos, gesticulaciones, tics inconscientes y resto de mensajes que no aportan a su mensaje principal y también para ser más consciente de sus propias señales no verbales, las cuales pueden ser contraproducentes con dicho mensaje y nuestro objetivo de vender.

CAPÍTULO 4: SOBRE LA COMPETENCIA

Consejo nº 20: Evita Competir solo por Precio

"Lo supremo en el arte de la guerra consiste en someter al enemigo sin luchar." (Sun Tzu)

En principio, es esencial conocer en profundidad a tus competidores potenciales para poder combatirlos. Identificar si realmente están luchando por el mismo territorio, mercado o clientes e investigar quiénes son en realidad.

Conocer bien nuestro producto significa también conocer bien el producto de la competencia, hacer comparaciones, encontrar sus fortalezas y debilidades, saber qué necesidades están cubriendo, sus ventajas o beneficios básicos para sus clientes y qué estrategias utilizan.

Pero no siempre necesitamos entrar en guerra directa con ellos, lo que puede conducir a una batalla infructuosa para ambos. Hay que buscar lo que no ofrecen, qué segmentos de mercado no cubren y explotar sus debilidades.

Especialmente, no debemos competir solo por precio. Es necesario agregar valor a nuestra oferta para buscar ventajas que nos diferencien, lo cual solo se puede lograr conociendo a fondo el mercado y la competencia. Si no eres diferente, ni eres mejor, tendrás que ser barato…

Si lo que nosotros hacemos también lo hace la competencia, no es nada diferencial y no va a ser una razón para nos elijan a nosotros en vez de a ellos, aunque lo hagamos bien, aunque pensemos que nuestro producto es de calidad, aunque pensemos que somos mejores. La competencia, tarde o temprano lo hará más barato. No se debe vender ni promover lo mismo que venden los demás, por eso hay que vigilar constantemente a la competencia, no para copiarla, sino para hacerlo mejor y para buscar cómo diferenciarnos.

Tenemos que buscar valores y ventajas diferenciales que el cliente aprecie. Si el cliente no está dispuesto a pagar por ello, por muy diferente que sea, no es un valor añadido sino todo lo contrario. El valor de ese diferencial lo marca el cliente. Así pues, es imprescindible identificar lo que realmente le preocupa, lo que quiere, adaptarse a sus exigencias y dárselo de forma distinta a como lo hace la competencia.

Una vez hayas creado un vínculo con tus clientes con un producto diferencial, podrás maximizar esta relación, podrás venderle otros productos, podrás experimentar con otros nichos donde incluso haya más competencia, porque lo harás desde un posicionamiento y una credibilidad en el mercado diferente. Podrás también añadir servicios a tus productos, o al revés, productos a tus servicios.

Una de las maneras de buscar diferenciales es añadir ideas a tu producto, intangibles, que lo diferencian del resto. Añadir nuevas ideas, valores y conceptos permite vender en nuevos mercados, permite diferenciación y también aumentar el precio del producto.

No es cuestión en todos los casos de hacerlo mejor, ni más barato, sino de ofrecer valores y ventajas diferentes a tu competencia.

Una de las formas actuales de buscar esas ideas es añadir experiencias únicas a tu producto o servicio, experiencias tanto en el punto de venta, como en el proceso de compra o en la forma que se usa o consume el servicio. Mejor que competir en precio es competir en servicio. Una de las tendencias actuales es usar la tecnología para añadir o desarrollar aplicaciones que proporcionan nuevas experiencias al cliente. Un ejemplo reciente al respecto de aplicaciones tecnológicas es la apertura de supermercados donde no necesitas pasar por caja ni hacer cola con la condición de tener la aplicación específica instalada en el móvil.

En el siguiente consejo hablaremos de algunos modos de diferenciarse. En éste, el consejo principal es que debes conocer a fondo a tus competidores para poder luchar contra ellos y evitar competir sólo por precio. Igualmente, ello significa conocerte muy bien a ti mismo, tu producto, tu empresa, tu filosofía y cuál es la propuesta única de venta que quieres transmitir.

Consejo nº 21: Claves para Diferenciarse de la Competencia

"Si crees que eres demasiado pequeño para marcar una diferencia, intenta dormir con un mosquito." (Dalai Lama)

¡Diferénciate!... no nos cansaremos de repetirlo. Diferénciate y vende ventajas competitivas. Puede haber muchas maneras de diferenciarse, y aquí daremos algunas pinceladas al respecto. Lo importante es comprender que competir solo por precio es un suicidio y que los clientes están dispuestos a pagar más por valores diferenciales que le aportan beneficios.

Esta diferenciación debiera no ser fácilmente copiable por la competencia y sobre todo ser rentable, pero eso ya es otra historia que se escapa del alcance de este consejo.

Igualmente, es imprescindible que esta diferenciación se comunique de forma correcta y que sea adoptada por el cliente, confirmada como un valor diferencial que el cliente entiende y acepta.

A continuación, algunas claves y caminos para diferenciarse de la competencia que conviene analizar para adaptarlos a cada producto o servicio particular:

- **Diferente posicionamiento con nuevas ventajas y características**: se trata de añadir características o ventajas adicionales al producto que lo hacen único, beneficios que sean apreciados por el cliente, y enfocarse en dicho beneficio. Se trata de comunicar y destacar una característica o ventaja importante, que la competencia no tiene o no ha comunicado tenerla. Generalmente esta ventaja debe estar ligada a una necesidad, una motivación, gustos o un deseo específico del cliente que conecta emocionalmente con ellos. Puede tener que ver con la fiabilidad, durabilidad, seguridad, tecnología, material, aditivos, tamaño, nueva forma de fabricación que reposiciona el producto, etc.

Puede estar también relacionado con ahorrar tiempo al cliente, quitar barreras psicológicas y minimizar la energía y esfuerzo para la compra y uso del producto (ver consejos 30 a 33).

Esto está muy ligado también a la innovación tecnológica y al lanzamiento de nuevos productos que buscan dicha diferenciación. Ser pionero con nuevas soluciones de valor en los negocios es una ventaja diferencial, creando nuevos mercados sin tener que entrar en guerra de precios con nadie. No hay que luchar por los mismos clientes y como hemos dicho hay que buscar aquellos segmentos de mercado no cubiertos por la competencia. Por otro lado apostar por la innovación y la creatividad es fundamental hoy en día. Los que no tienen esa visión de negocio acabarán muriendo, pues el mercado es cada vez más cambiante y requiere de nuevos productos y nuevas soluciones constantemente.

Hay que recordar también, como hemos dicho, que las necesidades del cliente no cambian, cambian la forma y los caminos de satisfacerlas, por lo que una forma de diferenciarse es afrontar los problemas tradicionales de otra manera, buscar soluciones más allá del "siempre se ha hecho así".

Tampoco hay que centrarse solamente en hacer nuevos productos, ya que es fundamental también el aumentar el valor de nuestros servicios actuales o buscar nuevos tipos de servicios añadidos como en el siguiente punto.

- **Nivel y tipo de servicio**: una buena forma de diferenciarse de la competencia es ofrecer un nivel de servicio excelente. La calidad de atención al cliente es uno de los valores por los que los clientes están dispuestos a pagar más. Esto debe incluir cómo les haces sentir a lo largo de todo el proceso de compra. Repito, todo el proceso. Antes, durante y después. Hacer seguimiento post compra o post servicio y comprobar si el cliente está satisfecho es también un punto de diferenciación que cementa la buena relación y nos ayuda a mejorar, a descubrir lo que realmente estamos haciendo bien y lo que no, sirviendo también para incrementar la fidelidad del cliente por nuestro interés hacia su satisfacción. Un servicio excelente debe incluir todo el proceso.

La diferenciación también puede basarse en variar las características en que se entrega dicho servicio. La garantía puede ser una forma de diferenciación. Por ejemplo, el caso de garantizar un plazo de entrega determinado, un tiempo de espera, una disponibilidad de producto, o cualquier otro tipo de garantía de servicio. Por supuesto aquí hay que recordar que no hay que prometer lo que no podamos cumplir y que dicho diferencial hay que demostrarlo. Las garantías tienen también un lado oscuro…

Otra manera de ofrecer una diferencia es proporcionar servicio a través de distintos canales (distribución omnicanal). Al respecto, es notorio el caso de productos que han pasado de ofrecerse sólo offline a ofrecerse también online, integrando ambas posibilidades. La innovación en el modo de distribución del producto puede ofrecer muchas maneras de diferenciarse. Si tu competencia no está presente en un sitio donde hay clientes potenciales, es una oportunidad para diferenciarse con nuestra presencia allí. Otro ejemplo al respecto es el de reducir incomodidades y ahorrar tiempo y esfuerzo al cliente trayendo el producto a su casa, o a su oficina o buscar modos de distribución alternativos en sitios no habituales.

- **Servicios y productos complementarios**: otra forma de diferenciarse de la competencia es crear líneas de negocio complementarias ofreciendo un servicio global, aumentar el servicio base inicial con servicios complementarios. Un ejemplo: una peluquería donde el cliente, aparte de irse a cortar el pelo o peinarse, puede encontrar un servicio adicional de maquillaje, estética, tratamientos faciales, corporales, manicura, pedicura, comprar productos relacionados, etc.… un todo en uno que puede aplicarse también a muchos otros ámbitos, productos y servicios.

Otra forma de aumentar el servicio es el tipo de propuesta de "todo incluido", como puede ser el ejemplo de algunas ofertas vacacionales. En la misma línea, incrementando el número de productos en vez de los servicios, es el de proponer una gama completa de opciones mayor que lo que pueda tener la competencia, un surtido mayor.

- **Especialización**: concentrarse en un nicho de mercado específico, menos general que el de la competencia, es una forma también de posicionamiento. Especializarnos nos hace especiales y diferentes, menos sustituibles. Especializarse en un segmento del mercado, ya sea en un tipo de producto o servicio, centrarse en un colectivo concreto, o en una zona geográfica también, es por ejemplo lo que hacen los coches de alta gama, los cruceros para solteros, abogados especialistas en divorcios, moda de tallas grandes, servicios para la tercera edad, tiendas de productos de un único país, etc.

Esto requiere por supuesto un conocimiento y capacidad profunda en dicho nicho de mercado que permita dicho posicionamiento y que transmita la confianza necesaria al cliente para elegir la opción diferenciada.

La especialización también es una buena estrategia a la hora de competir en mercados dominados por grandes marcas, no enfrentándose directamente a ellas, sino ofreciendo una oferta especializada, dirigida a problemas concretos con soluciones concretas que las marcas generalistas no ofrecen.

Muchas veces especializarse en un determinado nicho de mercado permite también subir el precio, hay segmentos pequeños que son más rentables.

- **Storytelling**: a las personas nos gusta que nos cuenten historias, historias que conectan con el cliente y que destacan unos valores de marca, un mensaje, un estilo de vida y unas experiencias que nos pueden diferenciar de la competencia.

Por ejemplo, cada empresa puede tener una historia única sobre su fundación, evolución, problemas, éxitos, etc., que es susceptible de contarse y sobre la que basar un mensaje diferencial. Otras veces el storytelling tiene que ver con historias positivas de otros clientes satisfechos, o historias alrededor del producto que resaltan sus valores principales y diferenciales. En ese sentido: ¡no te olvides de contar tu historia!

- **Experiencia del cliente**: como hemos dicho, nuevas experiencias marcan la diferencia y hacen memorable la compra al cliente. No solo se trata de crear nuevas formas de uso o consumo del producto o servicio sino también de mejorar todos los puntos de interacción del cliente con la empresa, aumentando su valor percibido y su nivel de fidelización en todos y cada uno de ellos. Por ejemplo, puedes mejorar la experiencia del cliente buscando una mayor comodidad en su proceso de compra, o aumentando la rapidez de respuesta en cualquier consulta del cliente, o con herramientas tecnológicas para acelerar su proceso de compra. Siempre en cualquier caso con una experiencia diferente al proceso habitual de la competencia.

Así pues, piensa cómo te puedes posicionar de forma diferente con tu producto con nuevas ventajas y características, piensa si te puedes diferenciar por tipo y nivel de servicio, o añadiendo productos y servicios complementarios, si te puedes especializar en un nicho de mercado, si puedes añadir una historia poderosa a tu propuesta o si puedes ofrecer una mejor o diferente experiencia a tu cliente.

Piénsalo y diferénciate, ¿a qué esperas?...

Consejo n° 22: Claves para Diferenciarse de la Competencia (II)

"El éxito no está en ser el mejor, sino en ser diferente"
(Michael Porter)

Seguimos con otra serie de consejos para diferenciarnos de la competencia y que te deben dar pie a pensar cuáles se pueden adaptar mejor a tu producto o servicio particular, aparte de los ya mencionados anteriormente. No son excluyentes y se puede también pensar en mezclar varios de los citados:

- **Diseño**: otra forma de diferenciarse es resaltar el valor añadido del diseño. Variando el diseño del producto, pero manteniendo la funcionalidad, incluso variaciones pequeñas que tengan significado para los clientes, pueden provocar una diferenciación competitiva. Un ejemplo al respecto es la apuesta por el diseño de Apple. El cliente está dispuesto a pagar más por las mismas prestaciones pero con un diseño más atractivo. La apuesta por el diseño se puede trasladar a todo tipo de productos industriales también.

También puede reflejarse en un modo distinto de "packaging" del producto, nuevos envases y presentaciones. Un nuevo empaquetado, un envoltorio distinto, de diseño, artístico incluso, puede ser la base de la diferenciación, aunque el producto sea el mismo que el de la competencia. Un ejemplo de tales prácticas es muy habitual en los artículos para regalar. No solo es cuestión de resaltar la estética, sino que la diferenciación en el diseño del envase puede traducirse en que sea más funcional, más cómodo de usar, fácil de abrir, reutilizable, desechable, etc., o cualquier otro aspecto que proporcione beneficios diferenciales al producto por su distinto diseño.

- **Personalización**: otra forma de diferenciarse es customizar productos con nuevos procesos de compra, ofrecer por ejemplo el personalizar un producto o servicio de tal manera que el resultado sea una pieza única, por la cual el cliente está dispuesto a pagar más. Un ejemplo al respecto es el de personalizar prendas de vestir, camisas, chaquetas, etc., con diseños elegidos por el usuario. O también el ejemplo de personalizar regalos, que está bastante ligado con el apartado de diseño que ya hemos comentado.

- **Exclusividad**: en línea con el apartado de diseño y el de personalización, esta forma de diferenciarse a través de productos exclusivos, únicos, es otra forma de especializarse en un nicho específico, generalmente de alto poder adquisitivo, si bien es un concepto y motivación de compra que también se puede trasladar a otros segmentos de clientes. Un ejemplo al respecto es el de los productos "Gourmet", que transforman el nivel del producto dentro de su mercado a un nivel más exclusivo, permitiéndoles diferenciarse de la competencia y subir el precio.

- **Calidad y Marca**: La marca es un todo que resume la propuesta de valor y las expectativas de satisfacción, es nuestra promesa al cliente, y diferencia tu oferta de la de los competidores. En caso de productos similares, se elige el de marca y/o calidad más reconocida, el que nos da más seguridad y confianza. En definitiva en el que percibimos más valor añadido. La mejor diferenciación es la de conectar emocionalmente a nivel de marca con los clientes y a nivel de otros intangibles como la calidad, de tal manera que estemos en su cabeza como primera opción, o por lo menos dentro de la pequeña lista de opciones que el cliente acaba formando en su cabeza para simplificar su toma de decisiones. Se trata de extender el concepto de diferenciación a toda la empresa e imagen de marca en conjunto.

Invertir en marca y calidad es otra forma de diferenciarse, si bien no todas las marcas ni productos llegan a generar la huella emocional pretendida para llegar a ser realmente diferenciales.

- **Sostenibilidad**: en línea con la creación de marca y valores de marca, el compromiso de la empresa con el medio ambiente, con sus empleados y trabajadores, con su entorno, con procesos de fabricación naturales, materiales reciclados, cultivos ecológicos, etc., y en general su filosofía y discurso de empresa sostenible, pueden ser también un elemento diferenciador para lograr la preferencia de clientes con dicha actitud social.

- **El vendedor**: el buen vendedor sabe diferenciarse. Los negocios son entre personas, por lo que la diferenciación personal, el generar la confianza del cliente hacia tu propuesta, y la percepción positiva de que realmente quieres ayudarle puede ser el beneficio decisivo y necesario que tengas que vender, la ventaja diferencial.

Tú eres el vendedor, tú eres la empresa, y tú eres el producto. Puede haber productos similares, iguales, y empresas también, pero como tú seguro que no hay nadie. La ventaja diferencial puedes ser tú, el vendedor profesional, el que aporta un valor añadido al producto o servicio en ese mercado.

En el panorama actual donde todos los productos competidores se ven casi iguales, todos perfectamente diseñados para satisfacer las necesidades de sus clientes, todos con pocas diferencias, por encima de precio y marca, es importante resaltar el valor adicional que puede proporcionar el vendedor profesional que inspire confianza y seguridad en el cliente, siendo él el valor diferencial, sobre todo si es un experto en lo suyo. En definitiva, resaltar que el vendedor forma también parte del producto y como tal puede aportar un valor adicional con su actitud y aptitud que le diferencie de la competencia.

Apostar por diferenciarse no significa siempre el tener que hacer cambios radicales. A veces pequeños detalles son los que marcan la diferencia, pequeños cambios en tu oferta que son percibidos como diferentes. Sea cual sea el camino que elijas, en un mercado tan competitivo es necesario dar al cliente razones de compra que nos diferencien de los demás, darle nuevas y mejores opciones y soluciones. Lo fácil es bajar el precio. Lo difícil es buscar los valores añadidos que te van a permitir incluso subir dicho precio.

¿A qué esperas?... Vende tu diferencia.

Consejo nº 23: Beneficios y Ventajas Competitivas

"Ya no existen las ventajas competitivas sostenibles. Todas las estrategias pueden ser imitadas". (Michael Porter)

Hemos hablado de diferenciarnos de la competencia como forma de ofrecer y vender un valor añadido que incrementa el valor percibido de nuestro producto o servicio. Pero no hay que olvidar que también podemos vender mejores beneficios y ventajas que la competencia. En el primer caso evitamos el combate frontal con el competidor y en el segundo no. En ambos casos intentamos mejorar la percepción de la relación calidad/precio en la mente del cliente.

Como hemos comentado, esto significa conocer muy bien a los competidores y a nosotros mismos, comparando todos aquellos puntos, características, detalles, etc., que suponen un beneficio percibido por el cliente y aquellas ventajas donde somos superiores. De hecho todo ese análisis previo lo tiene que hacer el vendedor y la empresa antes de empezar a vender, elaborando y trabajando toda las comparaciones que sean necesarias y que enriquecen nuestro argumentario de ventas ante las más que seguras comparaciones de los clientes con nuestros competidores. Es necesario comprender cuáles son sus puntos fuertes y sus puntos débiles, y confrontarlos con los nuestros.

Por lo mismo, es imprescindible conocer muy bien el mercado, nuestro segmento, sector o nicho, y entender su funcionamiento, dinámica, sus actores principales, su normativa, el contexto anterior y actual, qué cambios está experimentando y cuales pueden venir en un futuro.

Al respecto, conviene también recordar una de las herramientas clásicas como es el análisis DAFO (análisis de Debilidades, Amenazas, Fortalezas y Oportunidades) para ayudarnos a elegir estrategias competitivas en relación a las de la competencia y la situación de la empresa en el mercado. Hay mucha bibliografía al respecto donde el lector curioso puede profundizar, por lo que no insistiremos mucho aquí.

Es importante recordar también que las personas compran soluciones, no características, vender es también persuadir, y son los beneficios los que persuaden a los clientes, beneficios emocionales, psicológicos, sensaciones en el cliente más allá de las características físicas del producto o servicio, o de su descripción. El cliente no compra productos o servicios, compra los beneficios tangibles, intangibles, directos o indirectos que le aporta tener nuestro producto o servicio.

El buen vendedor habla siempre de una característica, acompañada de un beneficio y una ventaja. Si sólo se muestran características, el cliente no percibe nada. Los beneficios pueden cerrar la venta, mientras que sólo hablar de características no aumenta el deseo de compra.

En definitiva, el cliente necesita saber porqué debería comprar, aparte de querer saber lo que está comprando.

La clave está en dar con los beneficios o ventajas que satisfacen las necesidades particulares del cliente, y centrarse en los que realmente persuaden al cliente específico. El resto de características, aunque puedan proporcionar ventajas apetecibles a otros clientes, pueden no tenerlas para un cliente en particular.

El buen vendedor debe conocer muy bien su producto y su empresa, saber qué beneficios, utilidades y ventajas respecto a la competencia puede proporcionar, y averiguar entonces para cada cliente cuáles le pueden persuadir y cuáles no.

A partir de ese conocimiento, el vendedor y la empresa deben definir su propuesta de valor y su propuesta única de venta ("Unique Selling Proposition" o UPS), aquella que te puede convertir en la única opción para el cliente, lo que te hace único, el beneficio específico que te ayudará a vencer a la competencia haciéndote preferible. Dicha UPS debe ser memorable, recordable, apelar a emociones y sentimientos y que ayude a construir una relación a largo plazo con el cliente. Los clientes posiblemente no recordarán cuánto pagaron, o la calidad del producto, pero sí recordarán cómo les hiciste sentir. Y esto debe estar incluido en nuestra propuesta única de venta.

El siguiente paso, que no siempre se realiza bien, es el de saber comunicar a los clientes dicha UPS y hacerles entender porqué es mejor que la de los competidores. Dicha comunicación debe hacerse en conjunto con la imagen de marca, de forma que la UPS y la marca definan la posición y ventaja competitiva en el mercado en la mente del cliente.

La UPS no debería basarse sólo en el precio, lo cual no quita que haya estrategias integradas, combinando beneficios únicos con un precio que resalten la diferenciación con la competencia.

Por otro lado hay que pensar que no siempre son los productos mejores los que triunfan, de hecho hay muchos ejemplos memorables (como por ejemplo las cintas VHS frente a las de mayor calidad Betamax), por lo que aparte de ventajas competitivas hay otros factores que pueden decantar la balanza a nuestro favor. Uno de ellos es el de crear hábitos en nuestros clientes, independientemente de la calidad, ventajas y beneficios del producto. No siempre gana el mejor producto, sino aquél que consigue crear antes el hábito de compra y la repetición de la misma en el cliente. Ser capaz de crear este hábito en el cliente es una de las mejores barreras contra la competencia, pudiendo llegar a convertirse casi en un monopolio del mercado. El mayor ejemplo al respecto lo tenemos en Google y cómo mantiene su gran cuota de mercado de buscadores frente a otros buscadores de la competencia.

En esa misma línea, y entre otras muchas, podemos citar también algunas estrategias más para conseguir ventajas competitivas como:

- Convencer a los clientes para que compren más unidades de producto y aumentar la frecuencia de utilización del producto.
- Desarrollo de nuevos usos para el producto.
- Modificaciones del producto actual para conquistar nuevos nichos de mercado.
- Nuevos productos complementarios al actual o que atacan otros segmentos de mercado también.
- Buscar nuevos canales de distribución.
- Expansión a otras áreas geográficas: otras ciudades, provincias, regiones y también a otros países.
- Adquirir empresas competidoras (o integrarse en ellas)
- Etc.

En cualquier caso, uno de los factores más importantes hoy en día para competir es la capacidad de la empresa de adaptarse en el tiempo, por lo que la mayor ventaja competitiva es la capacidad de aprender y cambiar rápidamente a los movimientos del mercado y las preferencias de los clientes. En definitiva, el nuevo enfoque para asegurar la supervivencia, la mejor ventaja competitiva, es tener una visión y perspectiva de futuro que nos lleve incluso a predecirlo y posicionarnos en consecuencia.

Consejo nº 24: El Servicio al Cliente como Ventaja Competitiva

"La excelencia de un líder, se mide por la capacidad para transformar los problemas en oportunidades." (Peter Drucker)

Aunque ya hemos comentado que el nivel y tipo de servicio puede ser una forma de diferenciación, es necesario recalcar que el servicio al cliente, el superior, es hoy en día una de las mejores ventajas competitivas. De hecho, el servicio al cliente es uno de los que más influye en la satisfacción y sobre todo en la recomendación a terceros.

Es la mejor publicidad, tus clientes te recomendarán por tu buen servicio y por su experiencia superior en comparación con la competencia, y en comparación con sus experiencias negativas pasadas, y por lo tanto, porque superas sus expectativas con creces, será uno de los elementos claves para conseguir su lealtad.

Y aún así, hay infinidad de compañías y vendedores que fallan en esto…

El Servicio al Cliente, con mayúsculas, es un elemento clave de la experiencia del cliente, y si es superior a tu competencia, va a ser lo que recuerden principalmente, va a ser el valor añadido que te hará destacar sobre los demás. De hecho, el cliente luego comparará siempre el servicio que espera en otros con el tuyo, va a esperar lo mismo de los demás, te conviertes en la referencia en su cabeza y ese es uno de los objetivos. Hoy en día el servicio al cliente es más importante que nunca entre tanta oferta indiferenciada.

Lector, pregúntate cómo lo hacen los demás, cómo es el tipo de servicio estándar, y pregúntate cómo lo puedes hacer mejor para superar las expectativas normales.

El servicio al cliente abarca no solo el soporte prestado después de la venta, no solo es el servicio post-venta o la atención de reclamaciones, sino también antes de la misma, también en el proceso de descubrir necesidades e intentar ayudar al cliente con tu experiencia y consejo, respondiendo de forma rápida y eficaz sus preguntas, sus dudas, sus inquietudes, no tardando en elaborar tu propuesta, dirigiéndole de forma consistente a lo largo de todo el proceso de ventas y preocupándonos por solucionar sus problemas.

Esto significa que posiblemente descanse sobre varios departamentos, no solo sobre aquél dedicado a servicios post-venta, y significa que todos los de la empresa, desde el primero hasta el último, tienen que estar involucrados en proporcionar un servicio al cliente excelente. En ese sentido, más que un servicio, se tiene que convertir en una filosofía, en línea con la cultura y política comercial de la compañía.

Por supuesto todo esto tiene que ver con lo que ya hemos hablado de crear más una relación a largo plazo con los clientes que en esforzarnos en atraer clientes nuevos, en conseguir una relación rentable para ambas partes si lo mantenemos como un cliente fiel. Ya lo hemos dicho, pero es bueno repetirlo: fidelizar un cliente ya existente suele ser más rentable que captar uno nuevo, y cuesta de media cinco veces menos. En cualquier caso, no hay que descuidar ninguna de las dos cosas.

Se puede argumentar también que, cuando hace falta que intervenga el servicio post-venta, es que algo ha salido mal en el proceso, en la entrega o instalación del producto, o en el uso del servicio o en el producto en sí. Por supuesto que hay que mejorar todo ello para que no suceda. Pero la experiencia nos dice que, tarde o temprano (aunque mejor tarde), los productos fallan, se rompen, una parte del servicio no se cumple como debiera, o el cliente necesita asistencia para sacarle el mejor rendimiento, mejor uso o cualquier otro soporte requerido. Por supuesto lo ideal es que todo sea perfecto, y que nada rompa la cadena de lealtad del cliente, pero cuando sucede, que sucederá (la Ley de Murphy, entre otras…) lo mejor será que estés preparado para arreglar dicha cadena lo antes posible y de la mejor manera, de forma que dicho eslabón no solo no se vuelva a romper sino que sea el más fuerte de toda la cadena, que sea un arreglo memorable. Puede ser una oportunidad para sorprender al cliente.

Los posibles problemas potenciales en nuestro producto o servicio son a veces impredecibles. Pero podemos hacer nuestra respuesta predecible con un gran servicio al cliente, el cual con la retroalimentación adecuada y el análisis de los casos solucionados, ayude a prevenir futuras incidencias y mejorar tanto el producto como el proceso.

Mucha gente considera el servicio al cliente como un mal necesario, como un coste adicional en la empresa, incluso los vendedores no le dan la importancia que merece. En su afán vendedor consideran que ya han vendido y que si algo sale mal, como le pasa también a la competencia, no lo ven como una oportunidad, solo como algo normal, inherente al proceso. Pero ayudar y colaborar en proporcionar un servicio excelente al cliente, antes, durante y después de la venta, es una de las actividades más rentables de la empresa y del vendedor, no es un coste adicional. Incluso puede ayudar a reducir costes si aprendemos de la experiencia y datos que proporciona sobre nuestros errores para poder prevenirlos en un futuro.

Muchas empresas incluso reducen lo más posible sus costes y esfuerzos en el servicio al cliente, aumentando por otro lado la inversión en más recursos de ventas, más vendedores, más productos, más marketing, más publicidad, etc. Que sea tu competencia la que lo vea así…

CAPÍTULO 5: SOBRE EL PRECIO

Consejo nº 25: Cómo Vender más sin Bajar el Precio

"Todo necio confunde valor y precio" (Antonio Machado)

Este consejo, con otro formato y contado de otra manera, formaba parte también de Vmym, pero por su alcance y relación con otros consejos es importante adaptarlo e incluirlo aquí:

Tanto empresas como vendedores no deberían competir solo por precio, lo cual es una batalla improductiva y ya sabemos cómo termina. Al final todas las empresas pierden si entran en la espiral de bajada de precios. El precio es importante en la decisión de compra, pero no debe ser el único motivo de compra. El problema es que si no tenemos ventajas diferenciadoras o si el cliente percibe productos o servicios similares, decide solo por precio. De modo que es necesario agregar nuevas ideas y conceptos, agregar valor para evitar competir solo en el precio. El vendedor y la empresa deben persuadir con una propuesta de valor y agregar valor a su oferta, más allá de descuentos.

El precio es solo una variable más en la escala del valor percibido de clientes y consumidores, y no el único componente. El vendedor debe centrarse en comprender el precio más allá de su valor numérico, y sobre todo entender el autentico valor del producto ante los clientes, o valor percibido por su cliente.

Fórmula del valor percibido: los clientes siempre realizan una operación mental para saber si comprar les es positivo: para justificar la compra, hacen un balance entre beneficios y sacrificios percibidos en la oferta del proveedor, y el valor percibido por el cliente se basa en la diferencia entre lo que recibe y lo que entrega:

Valor percibido = Total de beneficios y/o ventajas – Total de costes y/o precios

En esta fórmula, el primer término es todo el conjunto de beneficios y ventajas económicas, funcionales, abstractas, psicológicas y diferenciales del producto o servicio o de valores añadidos (incluyendo también la marca, calidad, etc.)

El segundo término incluye todos los precios, costos económicos y costes temporales, energéticos y psicológicos (ver consejos 30 a 33)

El cliente hará también esta evaluación con su competencia:

- Si el valor percibido de su producto es mayor que el de la competencia, se inclinará por su oferta, y viceversa.
- Si el valor percibido es negativo, el precio es la barrera, y generalmente no comprará. O dirá que es muy caro, el cliente no percibe nada más allá del precio.
- Si el valor percibido es muy pequeño, el precio y la consiguiente guerra de precios puede ser lo que decida si te compra a ti o a la competencia, comprará el más barato, o no comprará.
- Por otro lado, si el valor percibido de su producto es muy alto, venderás más.

La propuesta de valor: es labor del vendedor incrementar este valor percibido, haciendo que el cliente perciba y valore adecuadamente todo el conjunto de beneficios, incluyendo aquí todos los conceptos y ventajas subjetivas y emocionales que le quitan fuerza al precio.

En este sentido, el precio y el valor de un producto no son los mismos. Y por eso decimos que el precio no es o no debe de ser la única razón de compra, no es el único elemento de la ecuación, a no ser que no hagamos ninguna propuesta de valor.

En resumen, la propuesta de valor es explicar a tu cliente por qué te debe comprar a ti y no a tu competencia.

El valor percibido es dinámico: el "problema" es que esta escala de valores del cliente, este valor percibido, es subjetivo, es abstracto y es una variable dinámica, no solo de ayer para hoy, sino también de hoy para mañana. Esto es, que la valoración del cliente es diferente antes de la compra, en el momento de la compra, en el momento de su uso, y tras su utilización. Hay un valor percibido inicial, medio y final.

Además, cambia con cada cliente, es subjetivo, por lo que a cada cliente o a cada segmento de mercado o nicho, hay que hacerle una propuesta de valor diferente. Para un mismo producto, distintos segmentos de clientes perciben diferentes valores, y es algo con lo que tendremos que jugar.

También hay empresas que juegan con el valor percibido inicial y final, y buscan satisfacer a sus clientes prometiéndoles algo que pueden entregar, y entregando después más de lo prometido o sorprenden al cliente con pequeños detalles que no estaban en la fórmula inicial aceptada, con valores que no se esperaban. Pero también ocurre lo contrario, y muchas prometen lo que no pueden dar, decepcionando al cliente con un valor final percibido inferior al inicial, y eso no es lo que queremos.

Bajar los precios no es la mejor opción: La parte "fácil" para muchas empresas para cumplir con dicha fórmula es bajar los precios, pero esto no siempre significa que la demanda aumente y también genera otra espiral de problemas. Y desde luego no es la mejor manera de retener clientes, que igual que vienen por precio, por precio se irán. Por otro lado, si queremos aumentar los precios también resultará necesario aumentar el valor percibido del producto para poder subir el precio sin problemas. Es un balance de Precio vs. Valor. En el mundo competitivo y cambiante de hoy en día la mejor manera es aumentar el valor de nuestro producto, y no sólo reducir los precios, si queremos realmente llegar al corazón del cliente y obtener su compromiso a largo plazo más allá de ofertas y descuentos.

Te deben comprar porque generas valor, no porque seas más barato.

Por lo tanto, las empresas y los vendedores deben jugar con el valor percibido de su producto en la mente del cliente, siendo éste un trabajo continuo. Además, la fidelización de los clientes, como resultado de su grado de satisfacción, dependerá de la buena o mala gestión por parte del vendedor y de la empresa de ese valor percibido en relación con las expectativas iniciales. Es decir, la satisfacción del cliente y su lealtad dependerán de la diferencia entre el valor percibido y sus expectativas. Pero esa es otra historia. Una que no tiene precio...

Consejo n° 26: la Objeción del Precio

"El hombre es la medida de todas las cosas" (Protágoras)

"Es muy caro", "el precio es muy alto", "es demasiado caro", "está fuera de mi presupuesto", "lo puedo comprar más barato en otro sitio" "si no bajas el precio no te compro"... La objeción del precio es una de las más comunes y repetidas y no hay vendedor ni empresa que no se tenga que enfrentar a ella. De hecho es la que más preocupación despierta en el vendedor, la número uno. Conviene por lo tanto que hablemos y pensemos un poco al respecto.

Siempre es importante el tema del precio, si bien más que una objeción hay que reconocerla como una oportunidad para clarificar las inquietudes del cliente potencial y averiguar qué es lo realmente importante para él, y porqué valora más el precio que los beneficios y ventajas que proponemos. De hecho, incluso se ha llegado a decir que la venta empieza cuando el cliente dice "no".

Las objeciones de precio son muchas veces preguntas del cliente que tenemos que saber responder, pero primero hay que averiguar la pregunta que se esconde detrás, el origen del problema. La objeción al precio suele ser generalmente una cortina de humo del cliente para ocultar cuál es su verdadera objeción.

Por otro lado, plantear problemas al precio significa también que tienen interés en comprar (¡o en pagar!... los que no piensan pagar no lo suelen discutir, pero eso es otra historia) y como tal señal, positiva, debe entenderla el vendedor.

Lo que no se debe hacer ante una objeción de precio es bajar inmediatamente nuestra oferta. El objetivo es primeramente crear valor, aumentar el valor percibido del producto o servicio. Si de entrada bajamos el precio reducimos dicho valor y sobre todo la confianza del cliente que confirma sus sospechas de que el precio podía estar inflado. Ofrecer un descuento o negociar el precio puede ser aceptable en el momento apropiado, pero no se debe de hacer desde el principio. Lo primero es siempre encontrar la razón real por la que no están dispuestos a comprar.

Por otro lado, a veces las objeciones de precio no son reales, y hay que separar aquellos que realmente no tienen presupuesto de los que lo utilizan como una excusa, no solo para bajarlo sino como forma de expresar que no están del todo convencidos.

También puede pasar que realmente no aprecian el valor de tu oferta de forma adecuada, no la entienden, no tienen la capacidad para entenderla o no se la hemos transmitido correctamente. En este último caso es necesario mostrarle al cliente cómo le puede ayudar ese producto, y de qué manera cumple con sus necesidades y expectativas.

Por otro lado, nunca hay que tomárselo como algo personal, la objeción del precio forma parte del proceso de compra y es una reacción lógica en cualquier cliente (de hecho, nosotros hacemos lo mismo al comprar, es cuestión de mirarse al espejo). No hay que tomarlo como un ataque, ni plantearlo como una batalla o un regateo. Aparte, en dicha batalla no es posible construir confianza ni aportar valor.

En cualquier caso, si quieres vender, si quieres influir en alguien, dile la verdad. Nunca mientas y menos en temas de precios.

Aunque no hay que basar la venta en respuestas prefabricadas, es bueno siempre conocer algunas consideraciones al respecto que pueden ayudar a desinflar la objeción del precio, y ese será el tema de los consejos 28 y 29. Pero antes hay que recordar cuál es la mejor estrategia, de la que hablamos en el siguiente consejo.

Consejo n° 27: la mejor Estrategia a la Objeción del Precio

"Todo nuestro conocimiento tiene su origen en nuestras percepciones". (Leonardo da Vinci)

La mejor manera de vencer la objeción al precio es… no tenerla. No darle motivos para hacerla.

Esto significa tener claro por un lado que el prospecto está calificado para ser capaz de comprar, y por el otro que hemos transmitido de forma correcta el valor de nuestro producto para que éste sea superior al precio:

- **Cualificación del prospecto**: dentro de las preguntas de cualificación (ver consejo n° 43) el presupuesto debe formar parte de las mismas de una forma natural. Es necesario clarificar en un principio el rango de precios de nuestra solución (que generalmente dependerá de varias opciones, modelos, accesorios, etc.), o destacar la opción más popular para nuestros clientes y confirmar si se ajusta a su presupuesto. No hay que crear inicialmente una expectativa falsa respecto al precio indicando un precio o rango de precios menor de lo que realmente es, independientemente de que una vez que se hayan determinado exactamente las necesidades se procure que el precio o la oferta final sea competitiva. En cualquier caso, hay que recordar que si el prospecto luego no ve el valor de tu propuesta, cualquier precio le parecerá caro. Pero es importante gestionar de entrada las expectativas del precio. En ventas B2B, cada vez de más largo recorrido temporal, independientemente de que el cliente busque el menor coste, tienen de entrada que reservar un presupuesto al que ajustarse, y es natural que necesiten saber de qué estamos hablando en un principio.

En general, la mejor estrategia es prevenir que surjan objeciones, y para ello hay que traerlas a colación durante la conversación de forma natural, fluida, siendo una de las mejores maneras la de usar ejemplos de otros clientes, acerca de sus preocupaciones iniciales al precio y de cómo finalizaron satisfechos.

Es necesario hacer una prospección constante que debe incluir aquellos tipos de clientes que sí necesitan nuestro producto, sí van a apreciar nuestras ventajas, y sí van a tener capacidad y autoridad de compra. Luego nuestro trabajo será transmitir porqué debiera comprarnos a nosotros y no a nuestra competencia, asesorando como expertos y de forma profesional.

La mejor defensa contra la objeción del precio es una buena cualificación de prospectos. Asimismo, proporcionará que tu equipo de ventas tenga más tiempo en concentrarse en los que tienen mejores posibilidades de convertirse en clientes, aquellos que sí necesitan lo que ofreces.

No será nuestro cliente aquél que busca otro tipo de beneficios y ventajas distintas a lo que ofrecemos, tiene expectativas diferentes y nunca quedará satisfecho. Si no aprecia nuestros beneficios, todo le parecerá caro. Ese no será nuestro cliente. Hay que segmentar y enfocar al cliente correcto. No se puede perseguir y vender a todos los que creemos pueden ser clientes.

- **Transmisión de valor**: respecto al segundo punto, el problema suele ser como hemos dicho que el cliente no ve con claridad el valor de lo que vendes. Si concluyen que el precio es demasiado alto es que no sienten que el gasto esté justificado.

Posiblemente el vendedor:

- No ha entendido previamente sus motivos de compra ni ha sabido transmitir y estimular en consecuencia el deseo de compra de su producto o servicio en la dirección de dichas motivaciones.
- No ha canalizado esa motivación para convertirla en deseo específico del producto.
- No ha aumentado el valor percibido del producto ni gestionado bien las expectativas.
- No ha transmitido bien los beneficios y ahorros de costes que su producto o servicio proporcionan.
- Ha hablado demasiado sobre características que no proporcionan un valor o beneficio inherente.
- No ha escuchado al cliente y no ha hecho suficientes preguntas para descubrir sus necesidades.
- No ha acumulado suficiente valor para que el cliente realice la compra sin objeciones de precio.
- No ha generado la suficiente confianza en el producto, en su calidad, ni confianza en el vendedor.
- No ha ayudado al cliente.

Si ese es el caso, hay que volver a desarrollar esos valores adicionales, que tienen que estar vinculados a sus necesidades y motivaciones, y asegurarse de que el cliente vea, comprenda y acepte dicho valor. Tu producto no es valioso de por sí, solo lo es en la medida que lo percibe el cliente.

Así pues, la mejor forma para luchar contra la objeción del precio es intentar que no se produzca, cualificar correctamente y generar valor constantemente, de tal forma que el cliente sienta que es más lo que recibe que lo que da.

Consejo nº 28: Ideas y Consejos para resolver Objeciones de Precios (I)

"Todo lo complejo puede dividirse en partes simples." (Descartes)

La siguiente lista te puede dar ideas de cómo resolver objeciones de precios con tus clientes, aunque siempre hay que recordar que cada cliente es un mundo y tenemos que adaptarnos a cada situación, no existen reglas generales ni frases mágicas que valgan para todo. Hay que aplicar sobre todo el sentido común. A continuación, una serie de ideas y consejos para convertir esa objeción en una oportunidad adicional:

- **Comparación con la competencia**: el cliente siempre compara tu propuesta de valor con la de la competencia. Cuando se le pregunta a un cliente cómo percibe el valor de un producto, en realidad se le está pidiendo que lo compare con su percepción de otras alternativas de compra existentes. Y por eso un producto no es caro de por sí, la respuesta es: "¿caro comparado con qué?" o "¿demasiado caro comparado con qué?". "Caro" es un término relativo. Si averiguamos con qué lo compara, podemos tener argumentos para diferenciarnos y resaltar aquellos valores que más puedan contrarrestar esta comparación. Pon en valor tu oferta frente a la de la competencia.

Muchas veces es necesario hacer o mostrar (y demostrar) comparaciones que aumenten el valor percibido de nuestro producto respecto al que tienen de la competencia. El precio de un producto nunca es caro, si su precio es alto es porque lo vale, no hay que minusvalorar al producto por ello, y hay que defender su precio con una argumentación lógica de porqué vale más que otro de la competencia. Conocer bien a la competencia te puede evitar comparaciones odiosas o simplemente mentiras basadas en lo que ofrece la competencia, estrategias que puede usar el cliente para bajar tu precio que no siempre son verdad, y cuya defensa se basa en conocer muy bien los productos y la oferta de tus competidores, precios, condiciones económicas, ventajas, desventajas, limitaciones, etc.

Si vendes un producto cuyo precio es mayor que el de la competencia, tienes que tener muy claro cuáles son tus ventajas diferenciales y cómo defenderlas, conocer a fondo el producto de la competencia y los puntos clave y competitivos de tu producto sobre los que basar tu propuesta de valor.

- Porqué y Cuánto más caro: una buena opción es simplemente preguntar el porqué, ¿por qué es más caro? intentar averiguar cómo ha llegado a esa conclusión, de forma que pueda exponer las preocupaciones específicas del cliente, y podamos nosotros entender su razonamiento. De esta forma, explicando su posición, puede hacer que reconsideren su decisión y nos aporta datos para poder ayudarle.

En relación con el porqué, es bueno saber cuánto más caro es realmente para el cliente, que explique realmente el valor que ha apreciado en nuestro producto, el precio que él considera que vale y podamos entender su percepción y el porqué de dicha percepción. A veces el saber qué tan caro es muy caro nos puede ayudar a contrarrestar la objeción de forma efectiva. Una pequeña explicación adicional puede ser suficiente si resulta que la distancia de precio es pequeña. De hecho muchas veces sucede que dicha distancia de precio no lo es tanto.

- **Estar de acuerdo con el cliente:** darle la razón. Puede parecer contradictorio, pero es una forma de apoyar que si tu producto vale lo que vale es porque lo merece, porque es un buen producto, de calidad, y no podía ser barato. Nos da también una oportunidad adicional para resaltar precisamente aquellos puntos principales que contrarrestan la fuerza del precio. En cualquier caso, si tu producto es más caro que la competencia, y efectivamente lo es, no puedes hacer otra cosa más que reconocerlo (sería absurdo discutirlo), pero a partir de ahí hay que aportar los beneficios y ventajas que explican la diferencia.

- **No responder**: el silencio a veces es la mejor respuesta. Hay una antigua frase que dice que el primero que habla pierde, aunque no es algo aplicable en todos los casos, pero conviene conceder ese tiempo de silencio para que el propio cliente exprese sus inquietudes de forma natural en combinación con alguna de las opciones mencionadas en este consejo. Nunca hay que olvidar que escuchar al cliente es la forma de descubrir la verdadera necesidad y trabajar en ella.

- **Opciones y alternativas**: es interesante preguntar por sus otras opciones, principalmente la de no comprar y los aspectos negativos de no hacerlo en ese momento. En ese sentido, es aconsejable crear una sensación de urgencia, si bien ésta no debe ser una práctica habitual con el mismo cliente, al cual queremos fidelizar en un futuro y no podemos repetir este tipo de "presión" de forma continuada.

Respecto a otras opciones, antes que bajar el precio, una de ellas es ofrecer productos alternativos, productos similares o que también pueden satisfacer algunas de las necesidades del cliente que habremos detectado previamente. Al respecto, es recomendable ofrecer tres opciones de productos con tres diferentes precios, especialmente si queremos que elijan la opción intermedia. Al tener tres alternativas (alternativas nuestras, sin tener que irse a buscarlas a la competencia) su valoración del precio cambiará al tener entre varias opciones a elegir. Inconscientemente intentamos evitar los extremos, ni el más caro, ni el más barato, por lo que la tendencia es a priorizar la opción intermedia de las tres.

- Variar el tamaño de la tarta: es bastante típico el negociar un tamaño mayor de pedido si se quiere conseguir mejor precio, incrementar el tamaño de la tarta. Para X producto hay un precio, que no varía y por lo tanto defendemos el precio, mientras que para 2X hay otro precio y es una alternativa a ofrecer. No siempre es posible variar el precio por volumen de pedido, pero es una posibilidad a considerar siempre y cuando esté dentro de unos márgenes razonables para ambos.

Al igual que a veces conviene incrementar el pedazo de tarta, hay ocasiones que interesa disminuirla, y si un cliente no quiere pagar el precio completo o el valor total del producto o servicio, se puede ofrecer partes del mismo de menor coste, con menos opciones incluidas u otro producto del catálogo de menor precio. Ofrecer alternativas. De alguna manera insistimos en que el precio está ligado al conjunto de valores y beneficios totales del producto o servicio y si quiere pagar menos tiene que obtener menos. ¿A qué quiere renunciar? ¿A calidad, prestaciones, servicios, etc., o a precio?

- Problema de presupuesto: es necesario también averiguar y preguntar si es un problema de presupuesto o de forma de pago. Esto es conveniente si el cliente está pidiendo un descuento, y necesitamos clarificar cual es la objeción real para poder negociar mejor, ya que por ejemplo el problema puede ser un problema de efectivo temporal más que de intención de compra.

Siempre hay que agradecer al cliente su observación al precio, ya hemos dicho que es una oportunidad para nosotros de averiguar más, y una de las cosas a averiguar es cuál es su presupuesto y preguntar cuánto estaba pensando gastar. Esto nos dará más pistas de si la objeción es real o no, si realmente tiene presupuesto o la pega es otra.

Una solución radical es preguntar si el producto solucionaría sus problemas si fuese gratis. Si el precio no es un problema, es una forma de volver al valor, y que el cliente acepte los beneficios y ventajas. Por supuesto no lo daríamos gratis, pero es una manera de apartar a un lado el problema del precio temporalmente, para más adelante abordar como solucionar la forma de pago. Si realmente no hay presupuesto, hay que intentar buscar soluciones alternativas para adaptarse al que tiene. Esto significa también ser creativo y flexible con nuestras formas de pago, para cambiar la perspectiva del cliente y que encaje en su presupuesto.

- Prueba del producto: otra forma de superar la objeción del precio cuando el cliente no está seguro del valor de tu producto para él es permitir la prueba del mismo. Esto no es aplicable en todos los casos ni en todos los tipos de productos, solo si dicho producto admite esta posibilidad y si se confirma que este tipo de prácticas tienen una conversión alta comparado con el coste adicional que puede suponer para la empresa. Por lo tanto, en lugar de ofrecer un descuento definitivo, dar al cliente la oportunidad de probar tu producto para que confirme su viabilidad y valía para su negocio o necesidad. Es bastante típico las demostraciones de producto en el mercado B2B (repito: si el producto lo permite) ya sea en visitas a las instalaciones del cliente, en la fábrica del vendedor o también en ferias, presentaciones y seminarios, aumentando la consideración y percepción del cliente hacia dicho producto y aclarando muchas de sus dudas y objeciones a través de dicha prueba.

Otra manera de ofrecer esta posibilidad es a través de períodos gratuitos de prueba, generalmente cortos, u ofreciendo algunos períodos más largos con un descuento, de forma que tras el periodo de prueba el producto mantiene su precio integro. Conseguimos así dos cosas, que el cliente valide la utilidad y beneficios de nuestro producto, reconociendo al final del mismo su valor, y que el cliente se quede contento por haber disfrutado de ese extra adicional que buscaba durante ese período de tiempo. Por ejemplo, esta práctica es típica en aplicaciones digitales, ofreciendo un período de prueba gratuito de 30 días o similar, que se puede ampliar con otro período a menor coste, para restablecer el precio inicial tras la prueba.

- Comparar manzanas con manzanas: puede que el cliente potencial esté comparando con un producto de la competencia que no ofrece lo mismo que nosotros, que incluye menos beneficios y por lo tanto siempre verá más caro el nuestro.

Es necesario clarificar con qué otros productos debieran realmente comparar y cambiar su percepción que ahora sí puede estar en línea con la competencia real. En la era actual de internet el cliente tiene la idea de que puede comprarlo más barato en otro sitio, al alcance de un clic, pero esto no significa que esté comprando lo mismo. En este panorama es difícil competir solo por precio. Es necesario por lo tanto buscar los valores que nos diferencian de la competencia, saber primero con qué realmente nos está comparando, y destacar nuestras diferencias y ventajas competitivas, pero eso solo puede hacerse si se comparan productos del mismo nivel, calidad, servicios incluidos, etc.

De forma creativa, se puede también hacer comparaciones imposibles de nuestro producto con otro que no tiene nada que ver, para hacer ver la necesidad de comparar manzanas con manzanas, reconducir así al argumentario de valores y beneficios y quitar fuerza a la objeción del precio.

- Minimizar el precio: siempre existe la opción de minimizar psicológicamente el precio, por ejemplo no hablando sobre el total, sino descompuesto en meses u otro periodo de tiempo que disminuye el valor psicológico de la inversión. Incluso al coste diario, que hace el precio mucho más manejable en la mente del cliente, o por ejemplo llegar incluso al coste por hora en el caso de productos industriales.

La percepción psicológica de los precios tiene también mucho que ver con lo que ya hemos comentado de valorar de otra manera el precio cuando hay varias opciones sobre la mesa. Invitamos al lector curioso a consultar los muchos libros y estudios al respecto de las múltiples posibilidades de estrategias psicológicas de precios.

Entre todas las recomendaciones quería resaltar una que es menos conocida, aplicable al caso de un nuevo producto que substituye a otro más viejo, y que consiste en poner más caro el producto anterior que el nuevo, mejorando así el valor percibido del último modelo. Generalmente se suele hacer lo contrario, bajar el precio del modelo antiguo. El concepto es extrapolable también a otras situaciones, se trata de poner un precio de referencia mayor que resalte el valor del que queremos vender, como se ha comentado en el apartado de presentar opciones y alternativas. O al contrario, un precio de referencia menor, pero de otro producto con menos prestaciones, como se ha comentado en el apartado del tamaño de la tarta.

Igualmente, se puede reducir la percepción del precio de un producto específico empaquetándolo con otros productos, ofreciendo un paquete de varios que enmascara el precio de cada uno de ellos.

Al respecto, también es de destacar la menor percepción de precio que suponen algunas formas de pago donde "no se ve el dinero", como es el caso de las tarjetas de crédito (o pagos similares con telefonía móvil) y como es también por ejemplo el uso de las fichas en los casinos o en las ferias, o el uso de cheques-regalo, etc., que de alguna manera incitan a un gasto mayor al no ver físicamente el dinero.

- El largo plazo: se puede también hacer pensar al cliente en el largo plazo. Puede pasar que el cliente sólo vea los beneficios inmediatos pero no las posibles ventajas y ahorros de coste a largo plazo del producto o servicio. De alguna manera, reconducir la objeción del precio a valores que el cliente no había considerado. Una manera muy extendida es hablar de los posibles ahorros de coste, tiempo y dolores de cabeza en futuras averías, desperfectos y en general precios que hay que pagar en un futuro si el producto no es de calidad y que nos sirve para reforzar el valor y calidad del nuestro. Por supuesto lo mejor en estos casos es demostrarlo con cifras, con estadísticas de servicio postventa, garantías, etc.

En general se trata de reconducir la conversación a la clásica diferencia entre precio y coste real. El coste real y el precio de un producto no son lo mismo. El usuario/cliente/consumidor tendrá que incurrir en una serie de costes futuros que pueden ser de varios tipos: costes de reparaciones y mantenimiento, costes por funcionamiento/uso o costes operativos (por ejemplo costes de energía), costes de reposición o durabilidad (generalmente los productos no tienen una vida útil infinita, y unos duran más que otros), costes de rentabilidad (nivel de rendimiento, beneficio real del producto y proporcionalidad de la inversión), costes de eficacia del producto (el rendimiento real del producto depende de otras variables, y no se puede valorar siempre como del 100% de su rendimiento teórico), costes de insuficiencia (a veces el producto por sí solo no resuelve el problema en su totalidad y requiere de otros productos o de inversión adicional para el cliente), costes financieros (intereses de préstamos para el pago, alquileres, seguros,…), costes de personal o mano de obra asociados al producto, etc.

Puede haber muchos costes asociados, y en cada tipo de producto algunos serán más importantes que otros, esto no pretende ser una lista exhaustiva, simplemente se quiere destacar que hay que hacer pensar al cliente que si paga o quiere pagar muy poco por algo, a la larga descubrirá el porqué cuando descubra otros costes asociados. En realidad esta es otra forma de aumentar el valor percibido del producto, al explicar o demostrar cómo tu producto puede ahorrar costes futuros, en general en comparación con otras alternativas de la competencia.

En la misma línea, es necesario preguntar y conocer qué espera conseguir de nuestro determinado producto o servicio, que ROI (retorno de la inversión) concreto espera a largo plazo, alejar el pensar en términos de caro o barato y más en términos de beneficios y ventajas futuras.

- La prueba social: otra manera de contrarrestar la objeción del precio es con ejemplos de referencias de otros clientes que también pensaron lo mismo al principio y demostrar el valor que dichos clientes encontraron luego, resaltando lo que más apreciaban, que desde luego no era el precio en sí. La prueba social, los testimonios de clientes satisfechos y las referencias son una herramienta fundamental para reducir el coste psicológico que se suma al precio y por lo tanto luchar contra dicha objeción. Demostrar resultados por adelantado es en general una buena manera de luchar contra la objeción del precio.

Consejo nº 29: Ideas y Consejos para resolver Objeciones de Precios (II)

"En medio de la dificultad yace la oportunidad." (Albert Einstein)

Seguimos con una segunda serie de consejos e ideas que pueden ayudar para resolver objeciones de precios, algunas causas de estas objeciones, así como unas conclusiones finales:

- La objeción del precio puede ser real: puede pasar que en realidad no pueden pagarlo. A veces, la objeción de precio es real y el cliente potencial no puede pagar tu producto o servicio. Si este es el caso, entonces es algo que se debe descubrir durante la cualificación inicial y ahorrar tiempo a ambos. Eso no quita que no se atienda al cliente, pues puede no tener presupuesto hoy pero tenerlo en un futuro, pero desde luego no tiene sentido intentar cerrar una venta hoy que no es posible que se cierre hoy. Nuestro objetivo cambiará, centrándonos más en ver cómo podemos ayudarle hoy aunque no sea con nuestro producto o servicio, y ver cómo podemos educarle en la dirección de nuestras soluciones. En definitiva, el objetivo pasa a ser construir una relación de futuro (ver consejo nº 39)

- **No es nuestro cliente:** la objeción de precio puede ser porque estamos en dos mundos muy distintos y que no sea nuestro tipo de cliente, sino uno que nunca va a apreciar las ventajas de nuestro producto y todo le parecerá siempre caro. Si no es lo que necesita realmente, lo mejor es decírselo. El cliente apreciará la honestidad de no quererle vender algo que no necesita, y si esta vez no se convierte en cliente, tendremos más posibilidades de que pueda convertirse en cliente en un futuro cuando cambien las circunstancias, pues nos habremos ganado su confianza. Hay que dejar la puerta abierta a futuras oportunidades.

- **Capacidad de decisión:** también puede pasar que la objeción al precio se deba porque dicho cliente no sea el que toma las decisiones (no deja de ser una excusa), o que por ejemplo tenga como encargo de sus superiores el pedir siempre descuentos, muchas veces sin tener base alguna, o como una forma de ganar también puntos frente a sus jefes. Es siempre conveniente averiguar quién es el que realmente toma la decisión final y/o quién es el pagador en última instancia, lo cual forma parte de la fase previa de cualificación. Este tipo de objeciones al precio nos pueden servir para escalar contactos en la organización y clarificar qué puertas debemos no olvidar de tocar y entender las motivaciones reales de nuestro interlocutor.

Suele ser habitual por ejemplo en ciertos departamentos de compras, donde uno de sus juegos habituales es el de pedir siempre descuentos. Negocian el precio por sistema y no porque piensen que el producto es caro.

- No es el "timing" adecuado: por otro lado, en una empresa puede haber múltiples tomadores de decisiones con diferentes objetivos y motivaciones. En muchos casos la objeción al precio esconde la objeción real de posponer la decisión hasta que los diversos departamentos involucrados toman decisiones en una dirección u otra o hasta que sus líneas de trabajo coinciden en el tiempo. En una empresa puede haber muchos factores que afectan dichas decisiones de compra, tales como cambios de personal, calendarios de fabricación, programaciones, lanzamientos de nuevos productos, problemas estructurales, apertura de nuevas sedes o mercados, consecución de contratos y obras, etc.

Puede no ser el "timing" adecuado para tomar la decisión, estando ésta vinculada a otros condicionantes externos que están por venir (por ejemplo, en casos personales: cuando venda el coche viejo, me compro uno nuevo, cuando la hija se case el próximo año entonces le regalo un viaje, si apruebo entonces me compro tal capricho,…) por lo que la objeción al precio suele ser una excusa que enmascara ese tiempo no adecuado, y que solo desea posponer la decisión. Como comentamos en la parte de cualificación, es importante detectar cuando el cliente no está todavía preparado para comprar, ya sea por presupuesto, por no tener necesidad o por un tiempo inadecuado.

- Ego, autoestima y otras motivaciones superiores: tampoco hay que subestimar el ego del hombre de negocios, o el de calle, que para aumentar su autoestima le lleva siempre a discutir el precio y de alguna manera "ganar" al vendedor, al que ve como un rival en su batalla particular de comprar más barato que nadie en el sector.

Por otro lado, su experiencia les lleva a pensar que siempre el precio del vendedor está inflado con objeto de aplicar el descuento necesario en su momento, por lo que ven imprescindible discutir el precio para obtener el que ellos creen que es justo. Es necesario vencer esa desconfianza, ese miedo a ser engañado, y no plantearlo como una batalla, aparte de demostrar y defender cuál es realmente el precio del producto a raíz de los valores y beneficios que cuestan lo que cuestan y demostrar que el precio no está inflado de antemano (aquí las referencias de otros clientes pueden ayudar también). Eso no quita que se pueda tener preparada una pequeña oferta como último recurso, una "gracia" que pueda satisfacer su ego, pero siempre como algo simbólico, dentro de nuestros límites, un precio pequeño a pagar por el establecimiento de una relación provechosa y no algo que reduzca el valor real de nuestro producto.

En la misma línea de la autoestima, que no deja de ser una necesidad superior, la mayoría de las personas necesitan también sentir que no sólo compran cosas baratas y que pueden permitirse lujos, caprichos, o que pueden pertenecer a una clase o jerarquía social de mayor poder adquisitivo. En definitiva, hacer entender que las soluciones baratas no son las mejores y motivar necesidades superiores que alimentan el ego y autoestima del cliente. Siempre hay que tener empatía y dejar claro que se entiende al cliente, pero eso no quita preguntar o averiguar si siempre compra por precio. Hacer entender que de hecho no es así, que muchas de nuestras compras no son por precio, y tienen que ver con otras motivaciones.

- Experiencias anteriores: es también importante averiguar si el cliente ha comprado antes un producto o servicio similar. Puede pasar que realmente tenga una idea errónea de lo que realmente vale lo que ofrecemos. Si no tienen experiencia previa al respecto, hay que poner en contexto y educar al cliente sobre lo que realmente vale, lo cual puede cambiar la percepción inicial del cliente, que bien pudiera estar clasificando el producto en otra categoría distinta.

Por otro lado, puede haber tenido experiencias anteriores negativas con dicho producto o categoría de producto, un mal recuerdo que se traduce en un valor percibido inferior en su mente. En ese caso tendremos que averiguar que fue lo que pasó y entender la causa del problema para poder argumentar en contra de esa inseguridad pasada y poder garantizar que no volverá a suceder en esta ocasión. En definitiva, averiguar la objeción real detrás de la objeción excusa del precio. Como hemos dicho, los clientes no siempre dicen las verdaderas razones para no comprar, y la salida más sencilla es poner el precio como excusa, como defensa.

- El cliente de tu cliente: si es un cliente B2B, siempre nos interesa posicionarnos como una ayuda para el negocio de tu cliente, para el cliente de tu cliente, y en ese sentido también es interesante preguntarle por sus productos y si ellos son los más baratos en su mercado. Necesitamos reconducir la conversación a entender qué valores nuestro cliente necesita vender a sus propios clientes, y qué valores nuestros debemos por lo tanto cumplir, igualar o superar, alejando así el tema precio. También es cuestión de convertir la idea de un posible gasto en una inversión para el éxito de su negocio, inversión que le ayudará a vender a sus propios clientes.

- Tiempo para pensar: si nada de lo anterior ha funcionado, a veces conviene darle un tiempo al cliente para pensarlo. Concederle un tiempo antes de decir que no. Antes de que el cliente sea el que diga que tiene que pensarlo, podemos también sugerirlo nosotros, le hará sentirse en la obligación de reconsiderarlo y reflexionar unos días sobre los valores y beneficios que puede perder y no sólo el precio.

Para ello tiene que tener claros y haber aceptado, reconocido, dichos valores y beneficios como tales para él. Si hemos hecho nuestro trabajo bien, aplicado todo lo dicho hasta ahora, defendido nuestro precio y nuestros valores, si el cliente está convencido y persuadido, a veces es cuestión de esperar que la fruta madura caiga del árbol. Hay un clásico dicho al respecto: "puedes llevar el caballo hasta el agua, pero no puedes obligarlo a beber"...

La próxima vez que un cliente o prospecto ponga objeción al precio, no te pongas a la defensiva ni recurras a descuentos de forma inmediata. No hay que saltar directamente a un proceso de negociación de precio, que por otra parte crea un antecedente para siguientes oportunidades y llevará al cliente a esperar descuentos adicionales en el futuro. En cambio, haz preguntas, escucha, investiga, redirige la conversación lejos del precio y enfócate en cómo tu producto o servicio beneficiará al cliente. Hay que preguntar y averiguar si el precio es lo único que le preocupa. Como hemos dicho, puede haber otras objeciones que se ocultan tras la objeción del precio, y es necesario averiguarlas y abordarlas.

En cualquier caso, y ante el tema precios, siempre es necesario averiguar las necesidades reales del cliente, conocer su situación financiera real, intentar vender valor más que precio (demostrar o justificar ese valor si es necesario), conseguir la necesaria confianza del cliente hacia el vendedor, buscar las causas reales de la objeción precio, aportar soluciones alternativas, siempre buscar los elementos diferenciales respecto a la propuesta de la competencia, averiguar con quién nos están comparando, y si hay que hacer algún descuento, que no sea gratis sino como producto de una negociación donde ambos consigan algo, como por ejemplo aumentar el volumen del pedido, un contrato de más larga duración, asegurarse futuros pedidos, etc.

En el caso de que haya un descuento final, que tenga una fecha límite, que genere una urgencia de hacer el trato dentro de unos límites de tiempo razonables (hay que recordar también que el tiempo mata las ofertas… no son eternas)

Si no hay acuerdo, y pensando siempre en el futuro, también conviene sugerir que no es la última ocasión para trabajar juntos, intentando conocer qué otras condiciones serán necesarias en un futuro para llegar a un acuerdo. Sugerimos que podemos adaptar los términos pero sabiendo con qué condiciones.

También es importante recordar que el vendedor tiene que tener claro la política de precios de la empresa, y no dudar al respecto. Lo contrario provoca la certeza en el cliente de que hace bien intentando conseguir mejor precio, y perdemos su confianza. Es necesario defender el precio y dar una buena imagen de empresa, la cual por su lado tiene que proporcionar también una política de precios clara al vendedor. Establecer de antemano qué productos no pueden tener nunca un descuento y cuales sí, planificar los márgenes de cada producto y comunicar al vendedor los límites negociables. La filosofía de la empresa puede ser también no rebajar precios pero en cambio ofrecer algún regalo u obsequio a ciertos clientes. Todo ello debe estar planeado y programado, no dejar hueco a la improvisación de forma que el vendedor debe saber a qué atenerse.

Y como último consejo, ya mencionado, si no es tu cliente, tu tipo de cliente, es mejor dejarlo marchar, hay que saber decir que no y no perder tiempo ni esfuerzo con quién no va a apreciar de ninguna manera nuestro producto o servicio ni con menor precio. Hay problemas del cliente que no podemos solucionar nosotros. Ni podemos vender a todo el mundo. También hay clientes que están solo interesados en comprar lo más barato posible, y es labor del vendedor averiguar si el cliente no está dispuesto a pagar el precio justo del producto.

Como hemos comentado, la objeción del precio no siempre se trata del precio, sino que muchas veces esconde algo más. Es trabajo del vendedor descubrir cuál es la verdadera razón, y así poder lidiar de forma efectiva con las posibles soluciones.

Consejo nº 30: Más allá del Precio (I)

"Un pequeño agujero hunde un barco." (Benjamin Franklin)

Tal como hemos comentado, es importante aumentar los valores diferenciales, las ventajas y los beneficios para incrementar el valor percibido del producto en la mente del cliente, pero a veces es cuestión también de reducir costes, y no me refiero a reducir el precio en sí del producto, ni a minimizar la percepción de dicho precio reduciéndolo a periodos o cantidades menores u otras técnicas al respecto, aunque está relacionado, sobre todo en la parte de la barrera psicológica.

Hemos dicho que el precio y el valor de un producto no son lo mismo. Y por eso decimos que el precio no es o no debe de ser la única razón de compra, no es el único elemento de la ecuación, a no ser que no hagamos ninguna propuesta de valor.

Pero no hay que olvidar que también una parte de los costes en la fórmula es el tiempo que se emplea para tomar una decisión o también el tiempo gastado en hacer uso del servicio, el costo psicológico (por ejemplo en contra de una determinada marca, o dejar de usar el producto habitual para cambiar a otro) y el costo de la energía o del esfuerzo para la compra y para el disfrute del servicio. Hablamos por lo tanto de reducir el segundo término de la ecuación mencionada del valor percibido (consejo nº 25).

Otra discusión es si se puede aumentar el valor percibido de una oferta sin aumentar el coste de producción o sin hacer grandes cambios en la estructura de las empresas para llevarlo a cabo. A veces no es necesario un aumento significativo de coste por parte del productor para reducir dichos costes en la mente del cliente, y es cuestión sólo de plantearlo y buscar soluciones que a veces no suponen un gran esfuerzo adicional por nuestra parte.

No solo es el coste monetario, y conseguir que el cliente se olvide del precio requiere un esfuerzo diferencial en reducir también dichos costes asociados que no son solo precio en la mente del cliente. Es interesante pensar un rato sobre ellos, pondremos algunos ejemplos en siguientes consejos de esta serie, aunque el ejercicio más productivo es que el lector piense ahora mismo en su propio producto o servicio, e intente analizar de forma creativa cómo reducir dichos costes.

Lector, piensa en reducir o eliminar en tu producto o servicio los siguientes esfuerzos y costes negativos en la mente de su cliente:

- Costes de tiempo.
- Costes psicológicos.
- Costes de esfuerzo y energía.

Posiblemente, tras ese ejercicio, pueda encontrar incluso la forma de subir el precio de su producto. Definitivamente, el cliente está dispuesto a pagar más por una mejor experiencia, por un mejor servicio, por menos incomodidades y más seguridades, y para ello debemos justificar y comunicar ese mayor valor, y que sea realmente percibido por el cliente como tal.

Muchas empresas y vendedores se empeñan en competir por precio, pero siempre habrá otro competidor más barato, por lo que hay que estudiar a fondo las necesidades de los clientes y ofrecer otras opciones. Es cuestión de repensar el producto y merece la pena hacer ese esfuerzo para encontrar nuevas soluciones, aumentar la percepción de valor y que el precio pase a un segundo plano.

Aunque hay que tener en cuenta que el cliente siempre tiene la última palabra y dicha propuesta de valor debe siembre resolver problemas del cliente, los cuales también cambian con su situación, su contexto, con sus prioridades y con el tipo de cliente objetivo al que nos estamos dirigiendo.

Consejo nº 31: Más allá del Precio (II)

"El tiempo es la cosa más valiosa que el hombre puede gastar"
(Teofrasto)
"No es que tengamos poco tiempo, sino que perdemos mucho"
(Séneca)

Siguiendo con esta serie y ahondando un poco más en cada uno de los costes sugeridos en el consejo anterior, empezamos con el primero, con el Coste Tiempo:

Podemos, y debemos, pensar en soluciones para reducir el tiempo que emplea el cliente en su experiencia de compra, darle una mayor accesibilidad al producto o servicio o facilitarle la compra de forma que ésta sea más rápida, y por lo tanto favorecer su decisión de compra. Pon medios para que tu cliente tarde menos en comprar y menos tiempo en decidir, pónselo fácil.

Esto se puede traducir, por ejemplo, en proporcionar una rápida entrega del producto, o antes de un tiempo prometido, poner medios para que el cliente no haga colas, que no espere demasiado tiempo, o simplemente en que el cliente no gaste su tiempo en ir hacia el producto, y que éste venga a él, eliminando el coste del desplazamiento del cliente. Un clásico ejemplo de este valor añadido es el reparto de comida a domicilio, ahorrando tiempo y esfuerzo al cliente, y que hoy se puede encontrar generalizado en muchos otros productos y servicios. Hoy en día esta idea evoluciona hasta tal punto que la tendencia es llevar la tienda entera a la casa del cliente, más allá de la compra online, utilizando por ejemplo las últimas técnicas de realidad virtual. Aunque no hay que llegar a tales extremos, y hay muchas formas de intentar reducir el tiempo del cliente durante su proceso de compra, y ponérselo más fácil, lo cual también tiene que ver con el coste de energía y/o esfuerzo que también podemos y debemos reducir.

A veces es algo tan sencillo como responder rápido a la petición de oferta de un cliente. Si tardas mucho en responderle con tu propuesta le estás haciendo perder el tiempo a tu cliente, que se decantará por las otras propuestas que le hayan llegado primero. El cliente lo quiere aquí y ahora y no te va a esperar eternamente. Según estudios al respecto, la primera oferta que recibe un cliente es también la mejor valorada y la que tiene más posibilidades de éxito.

Es también cuestión de analizar en qué partes de tu proceso hay un tiempo de espera del cliente mayor e intentar mejorarlo. Puede ser en los procesos de registro de clientes potenciales o formularios de contacto, en la navegación a través de tu web, en la atención al cliente, en la elaboración de la propuesta, en el proceso de negociación, en procesos administrativos o puede ser en la entrega del producto (¿quién no ha perdido tiempo esperando un paquete?), o puede ser también durante el uso del producto o en su instalación. En dicho uso y/o instalación se puede pensar en incorporar elementos que reduzcan ese tiempo extra y que disminuyan ese valor negativo en la mente del cliente.

El uso de los CRMs ("Customer Relationship Management", por sus siglas en inglés) facilitan también el relacionarnos con el cliente de forma más rápida, tanto preventa como postventa, dando un mejor y más rápido servicio al cliente, gestionando mejor los flujos de información y datos del cliente en un único lugar, automatizando y acelerando procesos, pudiendo incluso adelantarnos a sus necesidades con una mejor gestión de pedidos similares o periódicos.

Al respecto de lo anterior, otra gran herramienta del vendedor para ahorrar tiempo al cliente es… el teléfono. Parece mentira, pero hay que decirlo, pues el uso masivo y generalizado de aplicaciones de chat, ordenadores, tecnología, cruces de e-mails, etc., hacen que algunos asuntos tarden más de lo que debieran cuando a veces se pueden solucionar antes con una simple llamada. Para bien o para mal, el teléfono sigue siendo una herramienta imprescindible para el vendedor y la empresa.

Buscar ideas para reducir el coste tiempo del cliente tiene que ver también con replantearse el emplazamiento del producto, la tienda o la oficina, y la cercanía al cliente objetivo, así como la accesibilidad a tu producto. Un claro ejemplo al respecto es por ejemplo el de las ofertas de bancos online, a golpe de clic, a través de oficinas virtuales.

También tiene que ver con poner fácil la prueba del producto, o la propia demostración del mismo, la cual puede ahorrar mucho tiempo de decisión al cliente. Muchas veces el cliente quiere ver y tocar el producto, ver cómo funciona, no solo verlo en el catálogo, y es necesario poner los medios para que esto sea posible y no perder tiempo o demorarse en ofrecer dicha demostración.

Otras veces el ahorro de tiempo se traduce en dirigir a tu cliente en los pasos a seguir en tu proceso de compra, tenerlos definidos, expuestos y planteados desde el principio. Que no se quede el cliente esperando en parte del proceso sin saber si depende de él, si tiene que esperar tu siguiente comunicación o si tiene que llamar él. Cada paso anterior debe especificar cuál es el paso siguiente y el tiempo que lleva. Por ejemplo, si hay que esperar un tiempo a recibir la aprobación bancaria de una operación o la aceptación de un riesgo comercial para validar una forma de pago, hay que hacérselo saber al cliente e informarle al respecto, emplazándole al siguiente paso, que puede ser por ejemplo la firma del contrato. Si por ejemplo la instalación de un equipo lleva un tiempo, hay que especificarlo, planearlo con antelación con el cliente y definir unas fechas concretas. Y en todo momento, si se puede minimizar estos tiempos de espera lo haremos, pues también es habitual que una venta o una operación se pierdan por plazos de espera y de ejecución.

Hay muchos ejemplos que tienen que ver con optimizar el coste tiempo del cliente, y sería imposible aquí citar todos. Lo importante es que el lector entienda el concepto e intente aplicarlo con la necesaria creatividad a su caso particular, a su producto o servicio o a su proceso de ventas.

Ahorra tiempo a tu cliente y venderás más.

Consejo nº 32: Más allá del Precio (III)

"La desconfianza es la madre de la inseguridad" (Aristófanes)

Continuamos esta serie de costes asociados en la mente del cliente con el importante Coste Psicológico:

Podemos llamarlo el valor negativo de las inseguridades, pues tiene que ver mucho con la confianza, a veces incluso con garantías. Todos tenemos miedo a que nos engañen, incluso a que nos timen.

Superar este coste psicológico se puede traducir por ejemplo en garantías de devolución y/o de sustitución (aunque a veces la letra pequeña de esta garantía y los trámites para cumplirla pueden suponer otra barrera psicológica. Todos conocemos casos donde devolver un producto era una pesadilla…), garantías de reparaciones, de asistencia postventa, de encontrar repuestos, garantía de tiempo de entrega, y en general garantías de que la empresa o el vendedor se hacen responsables ante cualquier problema.

Un clásico ejemplo de garantía que generaba la confianza para eliminar dicho coste psicológico hacia la compra es aquel lema famoso de El Corte Inglés: "si no queda satisfecho le devolvemos su dinero", que ha acabado por convertirse en lema de muchas otras empresas, y hasta en ley para las compras online (el derecho de desistimiento por un plazo determinado).

Pero precisamente por eso, por haberse adoptado de forma generalizada, ya no es algo diferencial, por lo que es necesario buscar otro tipo de valores diferenciales respecto a la competencia. Aunque hay productos o servicios y sectores, que no son de naturaleza reembolsable en un principio, donde todavía se podría aplicar dicha idea de garantía y es cuestión de pensar sobre ello y ahondar en dicha posibilidad y condiciones para aumentar la decisión de compra del cliente.

Otro coste psicológico importante es el de experiencias pasadas negativas, que el cliente no quiere repetir, y que debemos averiguar, entender qué problemas tuvo y qué problemas y miedos quiere evitar. Es labor del vendedor averiguar dichas experiencias pasadas, para poder revisar su oferta y conjugar, en el presente del cliente, sus miedos pasados y sus expectativas futuras con nuevas soluciones y valores que eliminen dicha barrera psicológica. Al igual que hemos dicho que hay que aportar valores emocionales que persuaden al cliente, valores positivos, también hay que derribar valores emocionales que le disuaden.

Se trata en definitiva de reducir el miedo a equivocarnos que tenemos todos los clientes. De minimizar el riesgo.

En ese sentido, el propio marketing de contenidos no es más que una manera de vencer el coste psicológico del que hemos hablado, al ofrecer contenidos que demuestran nuestro valor, nos posiciona como expertos en el sector y aumentan el conocimiento y confianza del cliente hacia la marca, producto o servicio.

Otro ejemplo puede ser aportar una prueba de autenticidad, sobre todo en un mundo donde las copias, fraudulentas muchas veces, están a la orden del día.

Es también muy común y útil aportar la llamada prueba social, testimonios de clientes satisfechos, referencias de expertos o de clientes que ya han probado los productos y dan garantía y confianza al desconfiado cliente para vencer ese coste psicológico a cambiar de marca o probar un producto. Los testimonios de clientes felices son una herramienta imprescindible, sobre todo si son de empresas conocidas en el sector o de empresas similares a las del cliente, haciéndoles ver cómo otras compañías resuelven el mismo problema o incluso haciéndoles ver problemas que no sabían que tenían pero que dicho caso de éxito les ayuda a comprender.

Pide testimonios a tus clientes satisfechos y haz visible dichas referencias, en tu web, en tus folletos, en tu oficina, etc. O también proporciona argumentos, con datos y ejemplos, que demuestren la bondad y los beneficios de tener por ejemplo dos proveedores y no solo uno, lo cual es un problema habitual al que se enfrenta el vendedor. Como ya hemos mencionado, es muy importante también la confianza que puede generar el vendedor, como parte del producto también, el cual debe ser un experto asesor y mostrar claramente su intención de ayudar al cliente, darle seguridad y vencer así ese coste y miedo psicológico.

En relación a las pruebas de terceros para crear confianza en el producto, no hay que olvidarse de las típicas pruebas y certificados de calidad de los diversos organismos, asociaciones y entes independientes, que otorgan sus sellos de calidad y cumplimiento de estándares internacionales como elementos diferenciadores, y que de alguna manera otorgan una confianza adicional al producto. Ejemplo de ello son las normas ISO de calidad, el marcado CE, los sellos de denominación de origen protegidas, etc., o cualquier otro tipo de pruebas de laboratorio que se le puedan exigir al producto.

Minimizar la percepción de inseguridad tiene una importancia creciente sobre todo ahora que muchas relaciones son virtuales. Esa inseguridad la puede tener el cliente en varias causas: en una mala interpretación de la calidad o fiabilidad del producto, en la forma de pago (por ejemplo la resistencia a pagar por internet, poniendo en riesgo nuestros datos, tarjetas bancarias, etc.), en no tener realmente claro el coste total del producto (por ejemplo: ¿está incluido el transporte en el precio?), en pensar que puede encontrar un mejor precio en otro lado, en dudar sobre el resultado real del producto para su necesidad, dudas sobre la imagen de marca en general (desconfiamos de las marcas no conocidas) y en general en cualquier aspecto que suponga un coste psicológico adicional en la mente del cliente y que se suma al precio monetario disminuyendo el valor percibido del producto.

Es labor del vendedor y de la empresa ahondar en estas posibles causas, investigar y averiguar cuáles pueden ser en cada caso particular dichos costes psicológicos, y una vez identificados, buscar soluciones y poner medios al respecto para eliminar dichas barreras, o minimizarlas.

Consejo nº 33: Más allá del Precio (IV)

"La técnica es el esfuerzo para ahorrar esfuerzo"
(José Ortega y Gasset)

El último consejo de esta serie está dedicado al coste de energía y/o esfuerzo, el cual también está muy relacionado con el primer coste del tiempo. Hay también muchos ejemplos al respecto, no es posible listarlos todos y para cada tipo de producto, mercado y cliente hay distintas soluciones y caminos que se deben explorar y aquí solo damos unas pinceladas para que el concepto pueda entenderse y aplicarse en consecuencia:

El coste de energía y esfuerzo del cliente podemos llamarlo el coste de las incomodidades. Inconvenientes que al cliente le pueden suponer más incluso que el precio en sí del producto. De hecho hay muchos clientes que estarían dispuestos a pagar más caro si se le eliminan dichas incomodidades.

Una buena experiencia del cliente depende también de ofrecer experiencias sin esfuerzo, sin barreras. Intentar reducir el coste de energía o esfuerzo por parte del cliente se puede traducir en mejorar la facilidad y accesibilidad para obtener el producto o servicio.

Algunos ejemplos pueden ser: un horario de apertura amplio, disponer de un sitio de aparcamiento asegurado, acceso a compra online o realizar operaciones por internet, o facilidad para acceder a tu producto desde el móvil (muchas tiendas online no están todavía adaptadas a los dispositivos móviles), una buena distribución de puntos de venta y cercanía al cliente en general que evite que el cliente tenga que desplazarse en exceso gastando energía, esfuerzo y tiempo. Procesos de compra simplificados, que no requieran múltiples pasos, sino los mínimos posibles, evitar burocracias, papeleos y desplazamientos innecesarios al cliente, etc.

Ahondar en este terreno nos puede también dar pie a ofrecer servicios añadidos que repercuten en ese menor esfuerzo del cliente, como puede ser por ejemplo un servicio de instalación del producto, o reducir la formación requerida para su uso con videos formativos al respecto, un curso, manuales claros y sencillos de uso o instalación, reportes de problemas y soluciones para sacar el mayor beneficio al producto, etc.

Es importante buscar las preguntas que se hacen los clientes durante su experiencia de compra e intentar responderlas con antelación ofreciendo información en distintos formatos, ya sean videos, notas técnicas, artículos, instrucciones de uso, compra, etc. que en definitiva le ayuden a superar dicho esfuerzo adicional y aclarar sus dudas lo antes posible.

A veces reducir el esfuerzo es tan sencillo como hablar el mismo idioma del cliente. No solo me refiero a que tu producto tenga la información en el idioma del país donde quieras venderlo, o al contrario, lo cual es habitual, encontrar información y manuales de uso en otros idiomas salvo en español. También me refiero a que tu mensaje sea fácil de entender, en el lenguaje del cliente (por ejemplo, a veces puede ser demasiado técnico) o decirlo también de formas diferentes, proporcionar un mensaje claro que no dé lugar a equivocaciones, malinterpretaciones por parte del cliente que se traducen en percepciones de valor equivocadas, simplemente porque el mensaje requiere un esfuerzo adicional por parte del cliente para entenderlo, sobre todo si dicho mensaje es muy largo y poco claro.

Al igual que en el coste psicológico, el vendedor profesional debe también ser otro elemento que ahorra energía y esfuerzo al cliente, asesorando con la mejor solución y no haciéndole perder el tiempo. Si no le podemos ayudar con nuestro producto, el buen vendedor se lo dice e intenta aportar algún tipo de valor adicional que le ayude a resolver su problema o necesidad, ayudándole en su búsqueda y creando una relación de confianza que valdrá para cuando sí necesite nuestra solución.

También es aconsejable reducir el tiempo y el esfuerzo del cliente en su búsqueda de información proporcionándole respuestas a sus preguntas y dudas frecuentes, lo cual puede incluir no solo la disponibilidad de las típicas FAQ ("Frequently Asked Questions", o Preguntas Frecuentes) sino también que toda aquella información de tu producto o servicio que requiera el cliente esté disponible y de fácil acceso, si es posible en un centro de documentación que permita la búsqueda de la información de forma rápida y eficiente, y si es posible, con atención personalizada. Al respecto, se han generalizado bastante las aplicaciones de tipo chat donde incluso en vez de un agente se están usando "chatbots", aunque no hay que olvidar nunca el elemento humano que requiere la atención al cliente, que debe tener siempre esta opción.

En definitiva, y terminando los comentarios de esta serie de consejos, es cuestión de pensar en todo aquello que pueda reducir el esfuerzo del cliente para tomar su decisión de compra y para el uso y disfrute del producto. Eliminar barreras que como hemos dicho suelen ser de tiempo, psicológicas y de esfuerzo o energía. En dicho proceso podemos convertir valores que eran en un principio negativos en valores positivos que suman en la percepción tanto inicial como final de nuestra oferta.

En cualquier caso, de nada valen todos esos valores si no los comunicamos. Muchas veces simplemente tenemos valores añadidos, competitivos, pero no nos damos cuenta de ello y no le hacemos partícipe al cliente de dichos valores. El problema a veces está en saber transmitirlo o encontrar el medio adecuado para ello. No se puede percibir valor en aquello que se desconoce. Si tienes una manera especial de hacer las cosas, debes hacer que tus clientes lo sepan. Haz tutoriales, artículos, webinarios, entrevista a tus clientes satisfechos, a tus proveedores, muestra tu empresa por dentro, etc.

Pero en cualquier caso: ¡cumple siempre lo que prometas! Los problemas vienen cuando no cumplimos con lo prometido, cuando hay un desequilibrio entre el valor percibido inicial y el valor percibido final, ya que no hay que olvidar que pueden ser distintos. Y al contrario, si damos más que lo prometido, entonces no sólo tendrás clientes satisfechos sino que será también un factor para aumentar su posible fidelidad.

CAPÍTULO 6: SOBRE LA EXPERIENCIA DEL CLIENTE

Consejo nº 34: a Vueltas con la Experiencia del Cliente

"Nosotros vemos a nuestros clientes como los invitados de una fiesta en la que nosotros somos los anfitriones. Nuestro trabajo es hacer que la experiencia del cliente sea un poco mejor cada día".
(Jeff Bezos)

Se oye hablar mucho de la experiencia del cliente. Todas las empresas y marcas hablan y presumen de proporcionar una gran experiencia del cliente. De hecho es uno de los términos más nombrados en toda la actual transformación digital de los negocios. Pero ¿qué es la experiencia del cliente?...

Hay muchas definiciones, pero entre otras muchas y para simplificar, veamos lo que dice Wikipedia: "la experiencia del cliente (en inglés, "Customer Experience", abreviado CE o CX) es el producto de las percepciones de un cliente después de interactuar racional, física, emocional y/o psicológicamente con cualquier parte de una empresa. Esta percepción afecta los comportamientos del cliente y genera recuerdos que impulsan la lealtad y afectan el valor económico que genera una organización."

Las palabras claves aquí son "percepciones", "recuerdos" y "lealtad". Insistiremos en ellas a lo largo de los siguientes párrafos y consejos.

Hemos dicho que los clientes compran por emociones que justifican con argumentos lógicos, por lo que una forma de influir en su decisión es proporcionar la experiencia que genera la emoción deseada hacia nuestro producto, y esto también forma parte de la experiencia global del cliente, usuario o consumidor con nuestra empresa.

Gestionar la experiencia del cliente supone por un lado incrementar las percepciones de valor del cliente, optimizar la satisfacción del mismo, cumplir sus expectativas y excederlas si es posible para obtener su lealtad. Se trata de optimizar los distintos procesos, las distintas ocasiones de contacto o interacciones del cliente con la empresa.

Es importante destacar que se habla de todas las interacciones, y por lo tanto es más amplio que no solo la experiencia del usuario con un producto. Tampoco se limita al servicio al cliente, que está incluido dentro de dicha experiencia si el cliente hace uso del mismo. Las acciones comerciales y de marketing forman también parte de dicha experiencia, pero ésta sigue siendo más amplia, abarca incluso hasta cuando el cliente, por el motivo que sea, deja de usar tu producto o servicio. Desde el primer contacto con la empresa hasta el último, valorando la percepción del cliente, su visión subjetiva, en todos y cada uno de ellos.

Como hemos comentado, se habla mucho últimamente de la experiencia del cliente y de cómo optimizarla. Casualmente, o causalmente, muchas de las claves mencionadas en Vmym, y ampliadas aquí, son también las mismas para mejorar dicha experiencia del cliente:

- **El factor emocional**: las emociones venden y por lo mismo también impactan en la experiencia del cliente. Recordamos la experiencia sobre todo por nuestras emociones sobre ella, emociones que conectan con tu marca, producto o servicio.

- **Diferenciación**: es necesario diferenciarte de la competencia para vender, y por lo mismo, tienen que ser las ventajas competitivas las que produzcan la experiencia del cliente, no las ventajas comunes, no hay que insistir en ofrecer más de lo mismo. La experiencia del cliente debe ser distinta que la de tu competencia. Por otro lado, esta diferenciación no se consigue sólo con descuentos u ofertas.

- **Reducir costes no monetarios**: hay costes de tiempo, esfuerzo y psicológicos que se suman al precio y disminuyen el valor percibido de nuestro producto y en consecuencia la experiencia del cliente. Hazlo sencillo, el camino del cliente para disfrutar de tu producto o servicio debe ser simple, no hay que ponerlo complicado. Puedes tener una gran diferenciación y ser capaz de emocionar pero no llegarás al cliente si éste tiene que poner mucho esfuerzo de su parte.

- **El factor empatía**: mira la experiencia desde el punto de vista del cliente, o mejor experiméntala por ti mismo, te puedes llevar la sorpresa de que la teoría y la realidad son muy distintas...

- **Escuchar al cliente**: pregúntale por su experiencia y cómo mejorarla. También hay que hacer fácil al cliente que pueda opinar sobre su experiencia, que tenga un medio donde su voz sea oída. Darle valor a su opinión, e incluso recompensarle por darla.

- **Respetar al cliente**: en general, con todo lo que eso significa, valorar su punto de vista, su experiencia, su percepción, mirar a través de sus ojos, reconocer los errores y solucionarlos. Nada más, y nada menos.

La experiencia del cliente está aquí para quedarse. Hoy en día es imprescindible estudiar, analizar y optimizar la experiencia del cliente con tu empresa. Incluso se han creado puestos específicos al respecto en muchas empresas, con profesionales especializados en experiencia del cliente. Y tú... ¿estás teniendo en cuenta la experiencia del cliente en tu negocio?...

Consejo nº 35: la Experiencia del Cliente (II)- El Valor Percibido

"Antes de juzgar a una persona, camina tres lunas con sus mocasines." (Proverbio sioux)

Dijimos que el valor percibido de un producto por el cliente es subjetivo, abstracto y es una variable dinámica. La valoración del cliente es diferente antes de la compra, en el momento de la compra, en el momento de su uso, y tras su utilización.

Hay un valor percibido del producto inicial, medio y final. Cambia también con cada cliente, mercado o nicho. Para un mismo producto, distintos segmentos de clientes perciben diferentes valores.

Similarmente, la experiencia del cliente recoge todas las distintas percepciones del cliente respecto a la empresa y/o marca en sus interacciones con la misma (y esto incluye no solo al vendedor, sino a cualquier otro empleado de la empresa). La experiencia del cliente va más allá del valor percibido del producto y más allá de la relación cliente/vendedor, aunque por supuesto también incluye a ambos.

Podríamos decir que la experiencia del cliente es un sumatorio de todas las distintas percepciones individuales o valores percibidos por el cliente en cada etapa, en cada ocasión de contacto con la empresa, en cada ocasión de contacto con el producto, con la marca, con su personal asociado, con sus vendedores, con sus procesos de venta, marketing, acciones sociales, publicidad, servicio, etc. El conjunto de todos esos valores percibidos unitarios, extrapolados a la totalidad de la empresa o marca.

Al igual que el valor percibido del producto, esta experiencia vital del cliente como suma de sus percepciones, es también subjetiva, abstracta y es una variable dinámica.

Es subjetiva porque cada cliente tiene una imagen diferente de lo que sería su experiencia de cliente ideal. Tu empresa puede pensar que sus productos son de alta calidad y ofrecen una buena experiencia al cliente, pero si por ejemplo un cliente se queja de un producto, recibe una mala atención, o ambas, su percepción es que ni la empresa ni el producto tiene tal calidad, y esa percepción es la realidad que nos importa, la única realidad, no la que piensa que es la empresa.

Es abstracta porque se basa en recuerdos, emociones y aspectos psicológicos aparte de la interacción física y racional. Eso no significa que no haya posibilidad de medirla y controlarla. En el consejo n° 38 hablaremos de algunas de las herramientas que existen al respecto.

Igualmente, la experiencia del cliente es dinámica porque dichas percepciones, recuerdo y lealtad hacia la marca varían a lo largo del viaje del cliente, del ciclo de vida del cliente. Puedes tener una mala experiencia inicial, pero si después la empresa ha conseguido resolver el problema de forma exitosa, con un servicio excelente o con otro tipo de detalles que te dejan un buen recuerdo y sabor de boca, el cliente puede acabar concluyendo que no solo repetiría sino que recomendaría la experiencia a terceros, acaba con una buena experiencia de cliente.

Es importante pues el valorar dicha experiencia de cliente en todas y cada una de las interacciones a lo largo del famoso embudo de ventas. Estamos obligados a mejorarla y conseguir con ello un incremento general de los valores y percepciones del cliente hacia nuestra empresa, lo cual se traducirá en una relación larga y fructífera, que derivará en la fidelización de nuestros clientes de la misma manera que lo hacía el aumentar el valor percibido del producto.

Nota: simplificando, el embudo de ventas es el "viaje" que tu cliente potencial hace desde que lo contactas por primera vez, hasta que se convierte finalmente en tu cliente, a través de diversas etapas, desde la primera visita o conocimiento inicial, pasando por la detección de necesidades, presentación de ofertas, demostración (si es necesaria) hasta la negociación, cierre de la venta y seguimiento post-venta.

Tómate el tiempo para asegurarte de que cada paso del camino de un cliente sea sólido, de que creará buenas percepciones y aumentará la probabilidad de que los clientes vuelvan y le cuenten a sus amigos sobre tu empresa. Pero hay que tener cuidado, la percepción del cliente es frágil y puede cambiar con cada interacción, por lo que hay que procurar mantener sin altibajos una buena experiencia del cliente, es un trabajo constante.

Consejo nº 36: la Experiencia del Cliente (III) - La Influencia en la Marca

"Solo te ama aquél que ama tu alma" (Platón)

Como hemos dicho la experiencia del cliente se basa en percepciones, en recuerdos, valores y lealtad. Dicha experiencia del cliente se sublima en la percepción final que el cliente tiene de tu marca. En ese sentido creo que es interesante profundizar un poco en la relación entre marca y experiencia del cliente.

La marca es un todo que resume la propuesta de valor y las expectativas de satisfacción. En el mundo actual tan competitivo hemos pasado de vender productos a vender sensaciones, soluciones e ideas más allá de las características del producto, se venden experiencias. Los productos se parecen cada vez más, todos son similares en calidad, y es difícil para los clientes distinguirlos por sus atributos, por lo que hay que asociarlos a una experiencia, a una imagen emocional, a un valor máximo que satisface sus necesidades, a una idea, una filosofía, y muchas veces a una historia positiva. Percepciones, recuerdos y lealtad.

Optimizar la experiencia del cliente sirve también para construir imagen de marca, dejando la huella emocional necesaria para que dicha marca se mantenga en el tiempo, para que dicha experiencia sea la evocada por el cliente en sus recuerdos, en sus emociones, en sus percepciones e imagen de dicha marca.

La compañía crea una experiencia del cliente consistente con las emociones y recuerdos que quiere fijar en el cliente y consumidor y dichos disparadores de emociones acaban convirtiéndose en señales inconscientes, que pasan a formar parte de la marca.

La marca acaba evocando dichas experiencias por sí misma. La experiencia del cliente se acaba convirtiendo en experiencia de marca. Una lleva a la otra, y finalmente al revés.

Hoy en día, construir una marca ya no es una opción, es una condición necesaria para atraer, conectar y emocionar al consumidor, cada vez más globalizado y de vuelta de todo, y es imprescindible para diferenciarse. Similarmente, hoy en día ofrecer experiencias de cliente satisfactorias tampoco es una opción, es también una necesidad y es imprescindible para diferenciarse de la competencia.

Ofrece experiencias de cliente satisfactorias, memorables, inolvidables, y construye tu marca.

Consejo nº 37: la Experiencia del Cliente (IV) - La Lealtad

"Hagas lo que hagas, hazlo tan bien para que vuelvan y además traigan a sus amigos." (Walt Disney)

Retomando otra de las palabras claves iniciales, lealtad, se trata de optimizar dicha lealtad mejorando la experiencia del cliente.

La lealtad es una cuestión de emociones, y ese debe ser el valor añadido que decanta la fórmula a nuestro favor. Se trata de crear esta actitud y conexión psicológica junto con la motivación suficiente para producir la repetición de la compra a través de mejorar la experiencia del cliente.

Hablamos de que la satisfacción no es suficiente. Todas las marcas pueden tener clientes satisfechos. Hoy casi todos los productos acaban siendo parecidos, todas las marcas nos parecen iguales, la competencia es feroz, se copian unos a otros, y resulta difícil encontrar características y ventajas diferenciales. Cuando el cliente percibe productos o servicios similares se compite solo por precio.

Es necesario ir más allá, y ofrecer nuevas percepciones de valor, nuevas experiencias. La experiencia del cliente tiene que ver con emociones, como hemos dicho, y son estas emociones y estas nuevas experiencias las que se desarrollan para ofrecer al cliente esa diferenciación que le lleve a aumentar su satisfacción y en último extremo consigan su compromiso, su lealtad. Convertir clientes en fans a través de experiencias memorables. Del "consumer" al "fansumer". Ese sería el objetivo final.

Programar una buena experiencia del cliente debe comenzar también con una comprensión adecuada de las expectativas del cliente, que por otro lado son cambiantes. Esto significa también mantener una comunicación constante con ellos para saber cuáles son dichas expectativas, reflejarlas en todos y cada uno de los puntos de contacto con el cliente y eliminar aquellos eventos que no las cumplen, no solo por debajo sino también por encima.

Un grave error es prometer más de lo que se puede cumplir, y generar expectativas exageradas en nuestro empeño por vender más.

Si no ha habido un incremento de valor del producto, el resultado es la insatisfacción del cliente, por lo que hay que establecer un nivel correcto de expectativas desde la empresa y el vendedor.

Así pues, para incrementar la lealtad del cliente tienes que añadir beneficios y valores añadidos a lo largo de toda su experiencia, ventajas diferenciales, si es posible emocionales, disminuye costes y barreras que disminuyen el valor percibido de dicha experiencia, y procura que dicha experiencia sea mayor que las expectativas creadas, las cuales tienen que ser coherentes con lo que podemos ofrecer.

Consejo nº 38: la Experiencia del Cliente (V) – Herramientas

"El que conoce todas las respuestas no ha hecho todas las preguntas." (Confucio)

A partir de lo dicho anteriormente, se desarrollan múltiples herramientas y métodos para analizar y comprender la experiencia del cliente, diseñarla y mejorarla en todos los procesos involucrados e integrarla con el modelo de negocio para ofrecer al cliente el máximo de valor con una buena experiencia. Es necesario conocer qué puntos de interacción y que fases de la relación con el cliente deben mejorarse para que los clientes tengan mejores experiencias que lleven a la lealtad. Puede ser desde la prospección hasta la fase de captación, venta, servicio, soporte, etc.

El problema es que cualquier punto de contacto importa y lo difícil para la empresa es mantener una consistencia a lo largo de todos esos puntos de contacto. La cadena de la lealtad tiene muchos eslabones y se puede romper por cualquiera de ellos. Es necesario usar distintas herramientas como hemos dicho para analizar, coordinar y optimizar los eslabones más débiles, los puntos de contacto más relevantes y los que pueden producir una mala experiencia del cliente.

Ejemplos de tales herramientas son:

- El mapa del ciclo de vida del cliente (Customer Journey Map).
- El Blueprint para el diseño de servicios.
- Los embudos de conversión (Sales Funnels).
- Análisis de comportamiento y métricas del cliente.
- Representaciones de clientes ideales (Buyer Personas).
- Encuestas y análisis de satisfacción de clientes.
- Mediciones de la lealtad de los clientes a una marca según su probabilidad de recomendación (Net Promoter Score).
- Mapas de empatía del cliente.
- Optimización de la navegación y accesibilidad a la información (tanto en web como desde el móvil).
- Chats online para ayudar y guiar la compra.
- Gestión del conocimiento de la empresa con servicios "self-service".
- Seguimiento automático de pedidos.
- Plataformas de atención al cliente en redes sociales.
- Comunicaciones multicanal con los clientes.
- Tecnología o inteligencia predictiva de tendencias y sugerencias al cliente (y otras múltiples herramientas de análisis del "Big Data" y "Small Data" para conocer al cliente de forma exhaustiva).

- Herramientas empresariales de innovación desde el diseño y remodelación del producto que den solución a las necesidades de los usuarios (Design Thinking)
- El propio CRM, cuyas múltiples ventajas nos ayudan a mejorar también la experiencia del cliente y nuestra relación con él.
- Etc.

También es de destacar la creciente integración de la inteligencia artificial en todos y cada uno de los procesos e interacciones con el cliente. Un ejemplo es el uso de "chatbots" como asistente al cliente de forma automatizada. Si bien nunca hay que olvidar el peligro de deshumanizar la venta. El cliente al final requiere un contacto humano, y no se puede dejar todo el proceso en manos de robots, debe de haber un equilibrio.

El lector curioso puede profundizar si quiere en todas estas herramientas, cuyo alcance se escapa al objetivo y extensión de estos consejos, ya que hay mucha información y libros al respecto.

Lo importante es entender y asimilar que necesariamente tenemos que invertir en algunas de las herramientas mencionadas para mejorar la experiencia del cliente y conseguir así su lealtad, la compra repetida y la recomendación a terceros.

Consejo nº 39: la Experiencia del Prospecto

"Se amable, pues cada persona con la que te cruzas está librando su ardua batalla" (Platón)

Hemos hablado de mejorar la experiencia del cliente, pero dicha experiencia comienza desde el primer contacto con la empresa o vendedor, desde que es un prospecto, no solo cuando se convierte en cliente. No comienza cuando firma el contrato, sino desde la primera vez que contactas con ellos. En ese sentido la experiencia del prospecto no suele ser muy buena. Nadie habla de la experiencia del prospecto, y es necesario reivindicarla y hacer que todo el proceso de venta sea más amigable con ellos.

Vamos a poner un ejemplo muy conocido: ¿quién no ha visto la película "Pretty Woman"? seguro que todos la recordamos y puede que la hayamos visto más de una vez. Seguramente el lector recordará aquella escena en la que Julia Roberts acude a una tienda de ropa, vestida a su manera, y con la necesidad de comprarse un vestido para su cita de esa noche con Richard Gere.

En dicha escena, las dependientes de la tienda, de forma prepotente, la clasifican y cualifican por su apariencia y prácticamente la echan de la tienda. La cualifican como alguien que no va a comprar en la tienda, que no va a ser su cliente. Ella vuelve al hotel desconsolada, no solo por no haber podido comprar a pesar de tener dinero, sino porque no la habían tratado como persona. La habían desclasificado de entrada como posible cliente.

Recordamos también la escena posterior donde ella vuelve a la misma tienda, bien vestida y con muchas bolsas en la mano. Ella compró en otra tienda, en otra donde la trataron mejor. Desafiante, increpa a las dependientas que no la ayudaron, enseñándoles su gran compra y mostrándoles la comisión que se habían perdido... Pero en la realidad eso no suele suceder, el cliente no vuelve a decirnos que ha comprado en otro sitio. Simplemente no nos enteramos.

Esa es la experiencia del prospecto en muchas ocasiones. El proceso de marketing y venta califica a los prospectos y cuando no van a ser un cliente inmediato se les manda al fondo del CRM en el mejor de los casos como otro lead frío más, y en el peor nunca vuelven a ser contactados por el vendedor.

Queremos por un lado que el vendedor sea un asesor de confianza, pero por otro si el prospecto no está listo para comprar, por cualquiera de las causas de las que hablaremos en el método BANT de cualificación de oportunidades (consejo n° 43), o por cualquier otro, si no es el momento para que ingrese en nuestro embudo de ventas, el prospecto simplemente es ignorado, el vendedor no le asesora ni le escucha, ni le aporta ningún valor.

El prospecto busca confianza, quiere comprarle a alguien en quién pueda confiar. Espera que cada vez que contacte con un proveedor éste le ofrezca valor, que entienda sus problemas y no desea ser cualificado ni vendido (recordemos aquello de que "nos gusta comprar, pero no que nos vendan", y por lo mismo, tampoco nos gusta que nos califiquen) pero solo le proporcionamos valor, confianza o estamos interesados en hablar con ellos si tienen dinero para gastar hoy. No pueden confiar en nosotros cuando hemos decidido que el cliente potencial no está listo para comprar y perdemos interés en él. El día que estén listos para comprar no te van a llamar, comprarán a otro.

En ese sentido es necesario tener un equilibrio en nuestro trato con el prospecto, ofrecer en cada interacción con el potencial cliente algo de valor para él, algo que aunque no se traduzca de forma inmediata en un pedido para el vendedor, construya un vínculo de confianza, para que el vendedor y la empresa se establezca en la mente de ese prospecto. De tal forma que, en el caso de uno, o dos o varios meses, o un año, o cuando sea que el prospecto ya esté listo para comprar o se plantee dicha compra, cuando se junten la oportunidad con la necesidad y los medios, entonces el nombre de ese vendedor o empresa sea el primero en su cabeza.

Darle valor al cliente comienza por escuchar al prospecto desde el comienzo de su experiencia. E intentar ayudarle, aunque ese día no sea con tu producto. A lo mejor es presentándole a alguien del sector, a otro cliente, o con información técnica que le puede ser útil para su negocio, o asesorándole en sus opciones, respondiendo a sus consultas, incluso desaconsejándole comprar nuestro producto porque en ese momento no es para él, o simplemente mostrando nuestro interés por sus problemas y nuestro deseo de ayudar. En un futuro será también conveniente compartir contenido con el prospecto que puede estar personalizado o adaptado a la situación específica del cliente potencial, material que hable directamente a las motivaciones e intereses del cliente, haciéndoles sentir que lo que aportamos merece la pena y el tiempo.

Por otro lado nunca hay que olvidar que ese prospecto, al igual que sucede con un cliente que ya ha comprado, nos puede referenciar y recomendar a otro posible cliente potencial, y puede hablar bien de nosotros, incluso cuando todavía no haya comprado y no sepa cómo es la experiencia con nuestro producto y empresa. Pero habrá sentido su buena experiencia como prospecto, porque le habremos escuchado y tratado como persona, y eso lo recordará.

En definitiva, se trata de tratar a tu cliente potencial o prospecto con respeto, o dicho de otro modo, de la forma en que le gustaría que lo traten a usted.

Hoy en día las ventas B2B son cada vez más complejas y más largas. Lo cual hace aún más necesario hacer hincapié en crear relaciones de valor a largo plazo que acabarán convirtiendo a dichos prospectos en clientes.

Según las últimas estadísticas, solo entre un 3% y un 6% de los prospectos están listos para comprar en el primer contacto con el proveedor. Hoy puede que dicho prospecto no tenga presupuesto, o necesidad, o no sea el tiempo correcto, pero a lo mejor tiene alguno de estos elementos dentro de dos meses o de seis y lo que interesa es no dejar olvidados a esa inmensa mayoría (¡más del 94%!) de potenciales compradores.

Hay que educar a esos prospectos, a esos clientes potenciales a lo largo de todo ese proceso, empezando desde nuestro primer contacto con ellos, manteniendo un contacto regular que hoy en día se puede incluso hacer de manera automatizada, a través de las diversas redes sociales (Linkedin, Twitter, etc), blogs de empresa, "newsletters", campañas de correo electrónico, foros de usuarios, etc. El objetivo es hacer nuestro producto o servicio más convincente para un posible cliente demostrando nuestra propuesta de valor de forma transparente y generando la confianza de que realmente entendemos sus problemas y compartimos sus objetivos. Tenemos que mostrarnos interesados en el éxito de nuestros clientes y cultivar una mentalidad de ser un "partner", un socio, más que un proveedor o vendedor.

Pensando de nuevo en la comentada estadística, hoy se hace más necesario que nunca el establecer medios para mantenernos en la cabeza del cliente como potencial proveedor y eso no lo podemos hacer si de entrada deshumanizamos la venta y los tratamos como en el ejemplo de la película. Hoy es igual de importante la experiencia del prospecto que la del cliente.

El éxito en la educación del prospecto vendrá con el esfuerzo constante. Es posible que un comprador no esté listo para decidir cuándo lo contactas por primera vez, pero a través del contacto sostenido se puede cultivar su interés y desarrollar nuestra credibilidad como vendedor.

Los prospectos quieren hablar con seres humanos reales antes de que estén listos para comprar, y tratar con expertos que agregan valor más allá de sus productos. Y esto solo se puede hacer educando a dichos prospectos en nuestras soluciones, aportando valor en cada interacción con ellos y construyendo un vínculo de confianza que nos posicione como referentes para cuando sí puedan comprar, para cuando tengan necesidad o cuando no puedan retardar más el solucionar aquello que nosotros podemos solucionar.

Precisamente, ese es uno de los objetivos del creciente "Inbound Marketing", que se enfoca en educar a los clientes potenciales a través de contenido útil y de calidad a través de artículos, webinarios, informes, blogs, acciones en medios sociales, marketing de contenidos personalizado, etc., para generar interés desde el cliente potencial hacia la empresa y productos, de forma menos agresiva que con el marketing directo, e intentando que los prospectos avancen más rápido por el embudo de ventas.

El vendedor en este sentido debe aportar su conocimiento como experto para conducir al cliente a sus soluciones a lo largo de todo el proceso por el que puedan pasar sus clientes y prospectos, proporcionando una experiencia de compra más eficaz y aportando la parte de venta guiada y consultiva necesaria para facilitar dicha experiencia (consejo nº 4).

Construye una buena experiencia del prospecto y no solo te centres en la experiencia del cliente. Construye un vínculo de confianza desde el principio, cultívalo de forma constante y la venta vendrá sola.

Piensa qué hubiera pasado si a Julia Roberts la tratan de otra manera en esa primera tienda... Aunque no hubiese comprado ese día, eventualmente hubiera vuelto a esa tienda. Pero ella no volvió a comprar allí, eligió otra tienda, y eso es lo que pasa muchas veces en la realidad, y no sólo en las películas...

Nota final: lo mismo se aplica a ventas fallidas y oportunidades perdidas. No quemes los puentes con los clientes que no conseguiste cerrar. Mantenlos cerca y aprenderás porqué no te compraron, te ayudarán a mejorar y posiblemente te compren en un futuro si construyes una relación de calidad. Aunque no te compren hoy.

CAPÍTULO 7: SOBRE LA PROSPECCIÓN

Consejo nº 40: Generar Nuevas Oportunidades - la Prospección

"Si no sabes hacia donde se dirige tu barco, ningún viento te será favorable" (Séneca)

La prospección es la primera parte del proceso de venta. En general la prospección supone una búsqueda (en principio organizada, otra cosa es que muchas empresas lo hagan de forma desorganizada) para identificar y llegar a clientes potenciales o prospectos. El vendedor debe siempre dedicar una parte importante de su tiempo a esta tarea, pues no se puede estancar en venderles solamente a los clientes actuales.

Hay múltiples libros, blogs, cursos, seminarios, etc. al respecto y dejaremos al lector curioso que profundice en aquello que más le interese para su negocio y/o producto en particular, por lo que aquí solo daremos algunas pinceladas al respecto. Así pues, a grandes rasgos, podemos definir tres etapas en el proceso de prospección:

- **Definición de clientes potenciales/clientes ideales** (consejo nº 40)
- **Búsqueda de clientes potenciales** (consejo nº 41)
- **Cualificación de prospectos** (consejos nº 42 a 44)

Empecemos por el primero, y por aclarar también los conceptos de prospectos y leads, los cuales encontramos de forma generalizada y es conveniente revisarlos para centrar mejor nuestro proceso.

- Definición de clientes potenciales: es de vital importancia definir e identificar primero nuestro cliente ideal. Para ello es esencial también conocer a fondo nuestro producto, ya que serán las ventajas y beneficios de dicho producto o servicio las que definan a ese cliente ideal. Si conocemos bien nuestro producto conoceremos nuestro cliente ideal y viceversa.

Por lo mismo, es igual de importante analizar a la competencia. Si estudiamos a la competencia estamos analizando también nuestro mercado potencial, segmentos de mercado que necesitan de nuestro producto o servicio, e identificando nichos de mercado que podemos atacar, ya sea de forma directa, o indirecta, cubriendo necesidades que no cubre la competencia.

También es fundamental conocer las necesidades que buscamos satisfacer y las motivaciones de compra que podemos estimular para conocer mejor cuales son los clientes potenciales de nuestro producto, y segmentar de una forma adecuada y eficaz para conseguir llegar a nuestros clientes ideales. Divide y vencerás, como decían los romanos.

En definitiva, hay que analizar quién necesita realmente lo que ofrecemos para ser clientes potenciales. O podemos estar apuntando en la dirección equivocada, e intentar captar clientes que no son los que realmente nos interesan, una pérdida de tiempo, esfuerzo y dinero.

No se puede perseguir y vender a todos los que creemos pueden ser clientes. Por eso hay que segmentar y enfocar al cliente correcto. Y si no es nuestro tipo de cliente, hay que dejarlo marchar.

Uno de los errores que cometen los vendedores y las empresas es no identificar correctamente alguna o algunas de las características de su cliente ideal, por lo que esta etapa es de especial importancia y tendrá consecuencias posteriores muy graves si no se hace o si no se hace debidamente.

- Prospectos y Leads: podemos entender entonces el prospecto como un cliente potencial que pertenece o debe pertenecer a nuestra segmentación de cliente ideal, que puede llegar a convertirse en cliente, usuario o consumidor, y que puede tener en un principio interés en nuestro producto, aunque todavía no lo haya expresado. Consideramos prospectos aquellas compañías o clientes potenciales que simplemente forman parte de nuestro mercado objetivo, nuestro "buyer persona" (arquetipo del cliente ideal de un producto o servicio). Un prospecto se puede convertir en una oportunidad de venta.

El prospecto es entendido también en algunas industrias y contextos como el que ya ha tenido un contacto o conversación con el vendedor y está en un punto más avanzado del embudo de ventas. En ambos casos un prospecto es un "sospechoso" de convertirse en un cliente, un cliente potencial. Es labor del vendedor confirmar esa sospecha a lo largo del proceso, buscando, identificando y luego contactando y cualificando ese prospecto con el objetivo de generar oportunidades.

Por otro lado, están también los leads, aquellos que han mostrado o expresado un interés por nosotros, ya sea completando un formulario web para recibir más información, o contactado con nosotros por otros medios, o como quiera que sea que hayamos confirmado un interés por su parte en nuestra empresa o producto. En definitiva, un lead es una persona que se ha identificado y ha demostrado interés en tu producto o servicio de alguna manera.

Ambos son clientes potenciales, tanto prospectos como leads. A grandes rasgos, podemos entender los leads como clientes potenciales que contactan con la empresa (ya sea por llamadas, formularios, campañas de marketing, etc.) y han expresado ya algún interés, aunque tienen todavía un potencial de venta indefinido. Dependiendo del contexto y la industria, muchos consideran el prospecto como un escalón superior al lead, de forma que el lead al cualificarse pasa a ser prospecto, y lo denominan como "Sales Ready Leads", por lo que un prospecto sería también un lead preparado para ventas, aparte de ser también aquellos clientes potenciales que aún no han demostrado interés y que nuestro equipo de ventas contacta de forma proactiva.

Hay bastante debate al respecto de qué se considera un lead y un prospecto. Pero no vamos a entrar en dicha polémica, ni a perdernos en semánticas, lo importante es que el lector curioso simplifique mentalmente y se quede con la idea de cliente potencial que es la que le interesa al vendedor.

Así pues, desde el punto de vista del vendedor, puede manejar dos tipos de prospectos con el objetivo de convertirlos en oportunidades:

- **Prospectos generados a partir de leads**: puede pasar que dicho lead, sin madurar, pase directamente a manos del vendedor, lo cual suele ser común en muchas empresas medianas y pequeñas donde no hay un departamento de marketing diferenciado, o incluso habiéndolo, que un porcentaje de dichos leads pasen directamente a ventas (como puede ser el caso de peticiones directas de oferta o RFQs). O pueden ser leads que han "madurado" lo suficiente para ser tratados por el vendedor, y que han pasado por varias fases de cualificación de leads desde el departamento de marketing ("sales ready leads"), pero que todavía deben pasar por la fase de cualificación de prospectos por la acción del vendedor.

- **Prospectos generados por el vendedor**: pueden proceder de llamadas o emails en frío, de visitas de prospección, de contactos en ferias, congresos, seminarios, de networking del vendedor, de redes sociales del vendedor, de acciones proactivas del vendedor, etc. Son prospectos que deben también pasar por la fase de cualificación del vendedor.

Debe de haber un consenso entre marketing y ventas sobre qué consideran ambos un lead o un prospecto, una idea común de cómo deben tratarlo ambos y cuando es responsabilidad de uno u otro departamento. Pero esto depende mucho del tipo de industria, mercado y tipo de producto o servicio, e incluso varía según el concepto aplicado por cada CRM, por lo que dejaremos al lector curioso el indagar más en ese aspecto si le interesa.

Por otro lado, hay que tener en cuenta que en B2B lo que puede empezar por un lead unipersonal se suele convertir muchas veces en una oportunidad multi-prospecto, o incluso en varias oportunidades con distintos prospectos responsables, pues suelen ser generalmente muchos los involucrados en las tomas de decisiones, varios contactos en un departamento, distintos departamentos, distintas delegaciones, distintos proyectos de compra para diversos productos, etc.

Una vez dicho esto, el siguiente paso es cualificar a dichos clientes potenciales o prospectos. Dependiendo de esa cualificación (si cumplen varios criterios como los del consejo nº 43), en muchos sistemas CRMs se asignarían como contacto de una nueva oportunidad. O no, pueden quedarse en simples prospectos y no moverse o convertirse en oportunidades. Pueden no considerar siquiera tu propuesta, aunque tengan necesidad, presupuesto y resto de criterios, o pueden solo estar recopilando información sin que el resto de criterios esté definido. También son muy frecuentes otros problemas externos como cambio de personal, cambios de proyectos, etc. que provocan a veces que un prospecto no se convierta en una oportunidad. Si esa oportunidad acaba en compra, en cerrar una venta, sería una conversión. La tasa de conversión, o proporción de leads y prospectos que se convierten en ventas son una forma de medir la efectividad del proceso de ventas, equipo de ventas o vendedor.

El consejo principal para el lector curioso es que tiene que tener claro la gran importancia de la prospección en todo el proceso de ventas, y analizar en su caso particular todas y cada una de las fases de la prospección que hemos indicado.

Es necesario pues cualificar a los clientes potenciales, ya sean leads o prospectos, en base a unos criterios. Pero antes hablaremos un rato de la búsqueda de clientes potenciales, que es el paso previo a la cualificación.

Consejo nº 41: Búsqueda de Clientes Potenciales

"Si bien buscas, encontrarás." (Platón)

A partir de lo dicho anteriormente, podemos considerar dos grandes grupos y actividades de búsqueda y generación de clientes potenciales:

- **Generación de leads**: principalmente a través de "Inbound Marketing" (que luego se convertirán en prospectos)

- **Generación de prospectos**: principalmente a través de acciones "Outbound" del equipo de ventas.

Al respecto, hay mucha controversia de si las acciones de "Inbound" deben ser mayores que las de "Outbound" o viceversa o cómo deben combinarse. Incluso se llega al extremo de decir que solo hay que atraer potenciales clientes, no ir a buscarlos, pero esto dependerá mucho de la industria y el producto. Lo normal es combinar e integrar ambas soluciones, intentando mejorar el filtrado y tratamiento de peticiones "Inbound" junto con un mejor enfoque de actividades proactivas hacia clientes potenciales que coincidan con nuestro cliente ideal. No todo tiene que ser solamente marketing de atracción y la necesidad de prospectar activamente sigue siendo fundamental.

De todas maneras, en el actual entorno de ventas B2B, cada vez más complejas y variadas, no existe una manera perfecta y universal de manejar todas y cada una de las oportunidades de ventas o una solución que valga para todos los casos y contextos.

Dentro de esa búsqueda de clientes potenciales puede haber más sub-fases, como pueden ser:

- Identificar la empresa.
- Identificar el o los contactos válidos en esa empresa, puestos en dicha empresa, responsabilidades, etc.
- Identificar teléfono, email, dirección, etc., de esos contactos.
- Evaluar su potencial como cliente.
- Comunicación bidireccional que profundiza más en los aspectos anteriores. Preguntas de pre-cualificación como: ¿es la empresa adecuada? ¿es el contacto adecuado? ¿se ha definido alguna necesidad que podamos resolver?

Lo dicho es válido tanto para leads como para prospectos. En el caso del lead inicial generado por marketing, por ejemplo a través de un formulario, podemos tener datos mínimos, pero si conseguimos avanzar en dichas sub-fases podemos llegar a tener un lead cualificado para ventas o prospecto (si y solo si marketing y ventas se ponen de acuerdo en qué nivel o fase ese lead puede considerarse como listo para ventas). La etapa en la cual un lead se considerará "listo para venta" variará de una industria a otra, por lo que es labor de cada empresa adaptarlo a su conveniencia y recursos.

Aunque el prospecto haya sido generado por el vendedor, se deben también identificar los elementos mencionados y buscar toda la información necesaria, lo cual puede consumir una gran parte del tiempo del vendedor. Por eso muchas compañías invierten en recursos al respecto de estas fases iniciales para que sus equipos de ventas se concentren solo en las fases subsiguientes más productivas para ellos.

Por ejemplo, en la fase de identificación de contactos y datos de contacto puede ser muy útil el usar la red Linkedin, que en definitiva es la mayor base de datos de prospectos B2B del planeta, y que nos ayudará a tener una mejor idea de la actividad y necesidades de la empresa, identificar el contacto adecuado, modos de contacto, etc. Como mínimo, debemos ver el sitio web de la empresa, revisar su perfil corporativo, sus noticias, actividades en redes, perfiles sociales de los contactos, etc.

Este proceso de búsqueda no es sólo por parte del vendedor o la empresa. El cliente también tiene su propio proceso de búsqueda, y dicho descubrimiento debiera ser un proceso bidireccional, por lo que las fases de cualquier proceso de ventas deben tener un equilibrio con la forma en que los clientes de nuestro mercado compran y cómo buscan la información.

El problema entonces suele ser alinear nuestro proceso de ventas con el proceso de compra de los clientes, el cual podrá también variar dependiendo del tamaño de la empresa objetivo. Volviendo al eterno paradigma del foco en el cliente, debemos poner especial énfasis en que su interacción con la empresa en este proceso sea considerado como algo de valor, que sientan que el tiempo invertido con nosotros es útil, valioso, y que le persuada de querer seguir interactuando con nosotros en procesos posteriores

Una vez dicho esto, podemos listar algunas de las fuentes de búsqueda de clientes potenciales y métodos de generación de leads y prospectos, que pueden ser técnicas "Inbound" (tus clientes se acercan a ti) o de tipo "Outbound" (eres tú quien debe encontrarlos a ellos):

- Llamadas y visitas en frío.
- Referencias de otros clientes (ventas por referidos).
- Marketing y publicidad tradicional (online y offline, redes sociales, prensa especializada, radio, TV, etc.).
- Email marketing.
- Marketing de contenidos.
- Co-branding/Co-marketing.
- Prospección por redes sociales.
- Seminarios/Presentaciones/Webinars/Podcasts.
- Social Selling.
- Networking.
- Bases de datos y directorios.
- Búsquedas por internet.
- Ferias comerciales, conferencias y exposiciones.
- Organizaciones y asociaciones del sector.
- Etc.

Cada vendedor y empresa tendrá que definir cuál/cuáles se adaptan mejor a su tipo de negocio y mercado, sobre todo teniendo en cuenta la forma en la que sus clientes potenciales suelen comprar.

Mi consejo para el lector curioso es que indague en todas y cada una de ellas (y en otras que no están listadas, repito que esto no es una biblia), y que no descarte ninguna de antemano.

Consejo nº 42: Importancia de la Cualificación de Prospectos y Oportunidades

"Hay quien cruza el bosque y sólo ve leña para el fuego."
(L. Tolstoi)

Es importante que los vendedores concentren su tiempo y recursos en oportunidades que realmente lo son, en aquellas que tienen más posibilidad de prosperar.

Eso significa ser selectivo, se hace necesario cualificar a los clientes potenciales o prospectos. En caso contrario puedes tener un gran embudo de ventas, lleno de "leads cualificados", pero estar perdiendo tiempo y esfuerzo al dirigirte a prospectos equivocados con ofertas que no se pueden cerrar o que si se cierran no generan más que problemas. Sería un embudo atascado.

Es necesario calificar correctamente y aumentar las tasas de conversión. Lo ideal es que el vendedor trabaje solamente con compradores genuinos.

Una mala gestión del proceso de calificación de prospectos o clientes potenciales se traduce en una mala gestión de todo el proceso de ventas.

Nota: en este libro uso indistintamente "calificación" y "cualificación", cuyo uso en este campo proviene principalmente del inglés "qualify", y expresiones como "lead qualification", independientemente de su significado en el diccionario. También podríamos utilizar "clasificación", pues eso es en el fondo lo que hacemos al filtrar y validar dichos contactos atribuyéndoles una calificación y una calidad que cumple nuestros criterios.

En realidad en esta etapa del ciclo de ventas se trata menos de vender que de filtrar, siendo mejor a efectos prácticos buscar el No antes que el Sí. El vendedor debe tratar de discernir rápidamente cuáles pueden ser oportunidades de calidad y cuáles no. Buscar y cualificar rápidamente. De hecho, esta es una de las etapas donde más fallan las empresas y los vendedores, en toda la fase de prospección en general, y en particular en la fase de cualificación.

Es necesario, por parte de la empresa y del vendedor, una motivación, mentalidad y actitud positiva para perfeccionar esta etapa y entender las consecuencias que tiene en los resultados finales, en los beneficios y en vender más y mejor.

Los problemas subsiguientes que se pueden encontrar en fases de negociación o cierre vienen la mayoría de las veces determinados o causados por una mala calificación inicial.

Dicha calificación puede hacerse presencialmente, telefónicamente, por email, mensajería, personalmente o a través de medios y programas automatizados, a través de redes sociales, etc. Pueden cambiar los medios, y podemos combinar todos o varios de ellos, pero la necesidad está ahí y es de vital importancia.

Así pues, la calificación de prospectos es el proceso de determinar si un cliente potencial es adecuado para nuestro producto o servicio.

Muchas empresas y vendedores no invierten el tiempo y esfuerzo necesario en esta etapa y de hecho se concentran más en la generación masiva de leads y prospectos, por lo que el consejo es sencillo: analiza si estás calificando correctamente tus prospectos y si éste puede ser la causa principal de que no vendas más, pues estás perdiendo mucho tiempo y dinero en perseguir oportunidades sin sentido.

Consejo nº 43: Cualificación de Prospectos – Método BANT

"Un viaje de mil millas comienza con un primer paso" (Lao-Tsé)

De una forma u otra todos los vendedores utilizan unos criterios de calificación o cualificación, consciente o inconscientemente. Buscamos saber si la persona tiene la necesidad de nuestro producto, si tiene dinero para comprar y si es la persona que decide o tiene poder para comprar. Dicho coloquialmente, separar el grano de la paja.

Antiguamente se utilizaba el acrónimo MAN para ello: "Money, Authority and Need" (Dinero, Autoridad o Poder, y Necesidad), que de hecho sigue siendo suficiente para la mayoría de las transacciones B2C.

Para el ámbito B2B, se ha reemplazado por el método de calificación de prospectos BANT: "Budget, Authority, Need, Time" (Presupuesto, Autoridad, Necesidad y Tiempo), si bien algunos de los consejos pueden ser aplicables también a B2C.

Básicamente se le ha añadido el concepto tiempo, ya que la compra no tiene por qué efectuarse ahora aunque se cumplan los otros tres requisitos. Fue concebido hace ya bastante tiempo por IBM como una manera de identificar oportunidades si los prospectos cumplían tres de los cuatro criterios.

Para el lector curioso, hay otros métodos, cada cual más o menos adaptado al tipo de industria, como ANUM (Authority, Need, Urgency, Money), FAINT (Funds, Authority, Interest, Need, Timing), CHAMP (Challenges, Authority, Money, and Prioritization), MEDDIC (Metrics, Economic Buyer, Decision Criteria, Decision Process, Identify Pain, Champion), GPCT (Goals, Plans, Challenges, Timeline), NOTE (Need, Opportunity, Team, Effect), IFISU (Issue, Fit, Impact, Sponsor, Urgency), etc.

Pero de alguna manera el más extendido y conocido es el BANT en el que nos centraremos.

Así pues, el vendedor debe hacer preguntas de cualificación para concretar los siguientes criterios que vamos a comentar:

- Presupuesto ("Budget"): es necesario conocer el presupuesto asignado para la compra y que ambas partes asimilen si está dentro del rango de precios de nuestras soluciones. Si estamos en mundos muy alejados en cuanto a lo que pretenden gastar no tiene sentido insistir con quien no te va a poder pagar o intentar vender algo fuera de dicho presupuesto. Por ejemplo, en el caso de ventas de coches, sería el caso de intentar vender un coche de lujo a un cliente que tiene presupuesto para un utilitario.

Conocer el presupuesto para la compra ayuda al vendedor a definir su oferta. Si bien, siempre se pueden buscar alternativas de formas de pago o dicha situación económica puede cambiar en un futuro, por lo que hay que tener cuidado al descartar el prospecto por este criterio. Por otro lado, si algo nos entusiasma, podemos decir que buscamos el dinero para conseguirlo.

También hay que decir que en ventas industriales muchas veces este dato no se divulga o el cliente no quiere manifestarlo de forma cuantitativa, lo cual no quita que el vendedor deba averiguar si existe o no un presupuesto apartado o aprobado para la ocasión, si hay un plan financiero flexible, etc.

Así pues, conviene averiguar: ¿hay presupuesto? ¿Está definido el presupuesto para el proyecto? ¿Qué presupuesto encaja mejor en lo que buscan? ¿Es un presupuesto negociable? ¿Está todavía por aprobarse? ¿De qué depende la aprobación?, etc. Es normal que muchos clientes potenciales no quieran compartir o revelar información sensible, y menos cuando sólo han demostrado un interés inicial y no una clara intención de compra, por lo que este tipo de preguntas se deben de hacer con mucho cuidado, de forma indirecta a veces, para no intimidar al prospecto.

A veces no es cuestión de que no haya dinero, sino que lo están invirtiendo en otras iniciativas, que habrá también que averiguar. Hay que volver a insistir que descalificar no debe significar pasar del prospecto u olvidarnos completamente de él. Puede cambiar su situación y prioridades en un futuro y conviene siempre tenerlo bajo nuestro punto de mira, educándolo y atrayéndolo hacia nuestras soluciones. Lo ideal es que seamos nosotros quienes cambiemos esas prioridades.

Muchas veces el presupuesto no está aprobado o definido, pero se empieza a sondear el mercado en busca de soluciones a la necesidad. En ese caso hay que averiguar también como será el proceso de aprobación de presupuesto y quienes están implicados, quién tendrá la autoridad para aprobarlo.

No hay que olvidar que muchas veces más que averiguar cómo de grande es el presupuesto, lo importante es averiguar cómo de grande es el problema.

- Autoridad ("Authority"): necesitamos saber si la persona con la que tratamos tiene la capacidad de decisión final, la autoridad para aprobar (o firmar) la compra o comprar directamente. Si no la tiene, es necesario averiguar quién la tiene, o qué grupo de personas la tienen. Hoy en día es normal que la decisión final no la tome sólo una persona, sino un equipo, un grupo de compra de varias personas (de media, hasta más de 5 personas) por lo que es necesario involucrar a todos los decisores en el proceso. En ese caso, el problema principal para el vendedor suele ser el obtener el consenso de todas las partes.

Algunas de las respuestas que buscamos responden a: ¿quién toma la decisión? ¿Cómo es el proceso de toma de decisiones? ¿Diferentes tomadores de decisiones en diferentes pasos del proceso? ¿Hay un responsable técnico en la toma de decisión distinto del responsable económico? ¿Tenemos acceso a los responsables de la toma de decisiones? ¿Cómo es el proceso de compra realmente? ¿Cómo poner de acuerdo a todos los tomadores de decisión? ¿El o los usuarios del producto o servicio tienen algo que decir al respecto?...

Por otro lado, el prospecto puede no tener poder de decisión pero ser un "influencer", un recomendador o especificador que puede apoyar nuestra causa dentro de la empresa u organización, recomendando o especificando nuestro producto en otros departamentos o a otras instancias superiores. Por lo tanto no hay nunca que desdeñarlo, desacreditarlo o perder nuestro interés con él por el hecho de que no tenga el poder absoluto para la compra.

De hecho en ventas industriales más complejas es imprescindible contar con un empleado interno ("champion" o "movilizador" lo han llamado algunos) que realmente promueva el cambio en dicha organización, que nos ayude a determinar a quién o a quienes hay que llegar en la estructura de dicha empresa y sobre todo que nos ayude a cómo influenciarles y ponerles de acuerdo.

Es más, el problema se complica cuando los que toman las decisiones y los movilizadores difieren también de los usuarios finales del producto o servicio. Y todavía se complica aún más cuando hay intermediarios de por medio, por ejemplo contratistas que no son el comprador final pero que participan en el proyecto de una u otra manera y también forman parte de la decisión sobre proveedores.

También es necesario identificar aquellos que más que tomadores de decisiones son bloqueadores de las mismas o saboteadores (que también los hay), por las razones que sean, y averiguar tales razones.

Es también frecuente la existencia de leads de especificadores o diseñadores de especificaciones. Por ejemplo un ingeniero de diseño, que puede estar estudiando la viabilidad de una nueva aplicación o producto en la que tu producto puede tener cabida y que, aunque tiene necesidad actual, no existe ni autoridad de compra, ni presupuesto y el plazo es indefinido. No cumpliría el criterio BANT y sin embargo es muy importante ayudarle, puesto que puede introducir tu producto en especificaciones futuras, y sin su recomendación nunca recibiríamos una oportunidad real de esa empresa. De hecho, muchas veces participan en elaborar listas de proveedores autorizados en las que debemos estar. En este sentido, no se puede tomar el criterio BANT al pie de la letra.

- Necesidad ("Need"): es necesario conocer si existe la necesidad de nuestros productos o servicios, cómo lo están solucionando actualmente, conocer también si son clientes de nuestra competencia, y cómo de importante es su necesidad.

Algunas preguntas al respecto pueden ser: ¿cómo lo están haciendo o solucionando ahora? ¿Qué problemas encuentran? ¿Cuáles son los requerimientos? ¿Qué consecuencias puede suponer el no solucionar el problema o necesidad? ¿Por qué es importante dentro de sus planes u objetivos? ¿Son problemas habituales? ¿Tienen un plan para solucionarlo? ¿Cuáles son las prioridades? ¿Están dispuestos a probar otras soluciones? ¿A cambiar de proveedor o ampliar proveedores? ¿Se pueden beneficiar de nuestra oferta? ¿Cuál es el "dolor" y cuánto "pueden aguantarlo" en una escala de 1 a 10? ¿Por qué no se ha resuelto antes? ¿Cómo piensan que se puede resolver el problema y por qué? ¿Cuáles son sus expectativas? ¿Cómo podemos ayudar a cumplir sus expectativas? ¿Qué problemas esperan encontrar para resolverlo?...

Debemos confrontar sus problemas con nuestras soluciones, si bien hay que recordar que a veces lo que dice o expresa que necesita un cliente o prospecto no es realmente lo que necesita y hay que averiguar el problema real, la necesidad real que él mismo desconoce, cuyas consecuencias le llevan al cliente a una posible conclusión equivocada de lo que necesita (o a creer que en realidad no necesita nada)

También es importante averiguar si han comprado algo similar en el pasado y qué problemas han encontrado o en qué han basado su decisión de compra.

Por otro lado, si no tiene necesidad alguna de nuestros productos o servicios no tiene sentido hablar de otros criterios (¿o sí?... es bueno hacer dudar un poco al lector curioso…). Hay que pensar también que puede que no necesiten lo que les estás ofreciendo ahora, pero que lo puedan llegar a necesitar en un futuro. Puede que no compren hoy, pero comprarán mañana. A veces hay que pensar también en el largo plazo, lo cual requerirá nuestro seguimiento futuro.

- Tiempo ("Time"): es fundamental saber el factor temporal de la posible compra, el período de tiempo, los plazos de toma de decisiones y cuándo se pueden producir. ¿En qué periodo de tiempo quieren la solución? ¿Qué urgencia tienen? ¿Qué es prioritario? ¿Están solucionando primero otros asuntos? ¿Cuál es el marco temporal? ¿Es un plazo realista? ¿Qué problemas pueden surgir si no se cumple el plazo? ¿En qué parte del proceso de compra están? ¿Acaban de empezar a evaluar alternativas?...

Cuando el asunto es urgente nuestra rapidez de respuesta y actuación será también un factor decisorio.

También interesa averiguar qué causas están retrasando la decisión y si se puede influenciar sobre las mismas. Se pueden dar los tres criterios anteriores pero no ser el "timing" adecuado para la compra o inversión. La línea temporal de toma de decisiones suele definir también el criterio de seguimiento de una oportunidad, y que ésta esté más o menos "caliente", determinando nuestras prioridades al respecto.

Así pues, el BANT es un método de calificación de oportunidades utilizado para identificar y seleccionar los mejores prospectos en función de su presupuesto, autoridad, necesidades y marco temporal.

Se puede también utilizar una escala o puntuación en cada uno de los criterios para obtener una puntuación final, pero al final el calificar o descalificar a través de dicha puntuación no deja de ser algo subjetivo. La clave es entender si pueden representar oportunidades reales de ventas y discernir cuáles no tienen ninguna posibilidad. Por lo tanto, cada empresa debiera adecuar este modelo de acuerdo a sus características y tipología de clientes potenciales para poder optimizarlo.

Una vez dicho esto, es necesario decir que… los clientes también mienten (!). Sí, mienten (afortunadamente, no todos), y a veces lo hacen para superar dicho criterio de cualificación, alegando por ejemplo un presupuesto no real y una urgencia igual de falsa, pero asegurándose nuestra atención y ayuda. Así pues, no todo el monte es orégano. Piénsalo.

Es necesario encontrar un equilibrio entre la cantidad deseada de clientes potenciales y su calidad, lo cual es una cuestión de prueba y error, y seguir probando. La cualificación de prospectos debiera ser una actividad siempre en modo "test", independientemente de que usando CRMs y otras herramientas de marketing se puedan automatizar los criterios de puntuación y cualificación. También puede haber un solo criterio innegociable que califique rápidamente a un prospecto el estar dentro o fuera y no necesitar de muchos pasos adicionales.

Cada mercado y tipo de producto es un mundo y es labor del vendedor y la empresa el adecuar los criterios a cada caso particular.

Consejo nº 44: Más Allá del BANT

"La inteligencia es la habilidad para adaptarse al cambio"
(Stephen Hawking)
"La única cosa que sé es saber que nada sé." (Sócrates)

Hacer preguntas de calidad y practicar la escucha activa es la clave para calificar correctamente las oportunidades con el criterio

BANT descrito. En cualquier caso, y como se comentó en el consejo de preguntas inteligentes (consejo nº 14), las respuestas a las preguntas del criterio BANT tienen que tener un carácter específico, medible, realista, con objetivos claros y encuadrados en un plazo de tiempo.

Es imprescindible conocer qué objetivos y planes tiene el cliente potencial para satisfacer su necesidad, qué problemas se pueden encontrar en dicho plan (y si nuestro producto puede resolver dichos problemas) y que plazo de tiempo tienen para ello, todo ello con carácter cuantificable y específico.

Cuanto más realista y medible sean las respuestas mejor podremos asesorar y ayudar al cliente. Cuando sus expectativas no son realistas, o no tienen un plan u objetivo claro, supone también una oportunidad para el experto vendedor que les pueda guiar al respecto.

Los criterios de calificación antes mencionados sin duda ayudan a seleccionar los clientes potenciales de calidad, creando así un mejor embudo de ventas. Pero en el cambio actual de paradigma, donde es muy importante la educación y maduración del prospecto hasta que está listo para comprar, tal como se habló en el consejo 39, la aplicación de estos criterios puede dejar fuera de nuestra visión y actuación a potenciales clientes que aunque no entren en nuestro embudo de ventas deben ser atendidos, seguidos y no quedar en el olvido.

Por otro lado, en la filosofía actual centrada en el cliente, no queremos venderle, sino ayudarle a identificar, diagnosticar y resolver su problema. El prospecto espera que el proveedor le ofrezca valor, que entienda sus problemas y no desea ser cualificado ni vendido, pero solo le damos valor y confianza si tienen dinero para gastar hoy. No pueden confiar en nosotros cuando hemos decidido que el cliente potencial no está listo para comprar y perdemos interés en él. El día que estén listos para comprar no te va a llamar, comprarán a otro.

Muchas veces no es cuestión de necesidades, ni de presupuesto, sino de prioridades y consecuencias. Por lo mismo, muchas decisiones no dependen de una única autoridad, sino del proceso de decisión establecido en la empresa o por el cliente (que además puede ser cambiante para cada proyecto). Comprender la situación del cliente, entender sus objetivos y problemas, sus procesos de tomas de decisiones, sus planes futuros, y entender cómo pueden afectarle o ayudarle nuestras soluciones nos puede dar pie a cambiar sus prioridades, sobre todo si somos capaces de mostrar el impacto que nuestra solución puede tener en su empresa y las consecuencias de no hacerlo así.

En ese sentido incluso el período de tiempo de una posible compra pierde trascendencia, lo que importa es cuándo el cliente quiere tener esa ventaja competitiva que nuestro producto ofrece, la fecha en la que de forma efectiva nuestra solución impacta en sus objetivos, y esa es la que va a determinar el proceso de compra. Convertir el período o criterio de Tiempo en Urgencia.

Si el cliente llega a entender, apreciar y desear el valor que le vendemos, entonces el presupuesto aparece y las prioridades cambian. Nuestro valor debe ser el que guíe sus siguientes pasos para acortar el tiempo del acuerdo y hacer avanzar la oportunidad.

Lo mismo reza para el presupuesto. La solución debe ser lo suficientemente beneficiosa para que el cliente justifique la compra en función de los resultados que obtendrán a cambio de la inversión. Puede no haber un presupuesto asignado en un principio, pero si hay motivos suficientes y cambian las prioridades, la capacidad de compra y la asignación de presupuesto se acaban produciendo.

Muchos negocios no se hacen por el miedo a equivocarse, por la falta de confianza del cliente a tomar la decisión. Es más fácil no hacer nada que arriesgarse. Debe estar seguro de que está tomando la decisión correcta, y que ésta es mejor que lo que puede estar haciendo su competencia.

Hay que ayudar al cliente a tomar una decisión con fundamento, ayudarles en su proceso de compra con nuestro valor añadido, demostrar el ROI con datos, demostraciones, con nuestra experiencia y competencia, acompañando al cliente en cada parte del proceso para ayudarle a justificar la compra, desde que es prospecto hasta después de la compra o instalación de la solución, mejorando la experiencia del cliente también después de dicha compra, procurando que éste obtenga el mayor beneficio posible, incrementando la confianza y fomentando el boca a boca, convirtiendo así a dichos clientes en leales defensores de tu marca, producto o servicio.

Desde este punto de vista el BANT no es suficiente, o por lo menos no es suficiente para todas las situaciones, contextos y prospectos, hay que ir más allá, y como hemos adelantado más arriba, se trata de averiguar objetivos, planes, claves, retos y desafíos del cliente que nos pueden ayudar a convertirnos no en proveedores sino en socios del cliente, ayudándole en su negocio.

Como hemos dicho al principio, en la era de la inteligencia artificial, se trata también de humanizar la experiencia. Al final no es cuestión solo de cantidad de leads, sino de calidad de prospectos, y de mejorar esa calidad con nuestra ayuda. Cada cliente es único, distinto, y no tiene por qué encajar en nuestro criterio automatizado y programado de cualificación. Hay que ir más allá de unas siglas, más allá del BANT.

Ya no se trata solo de vender ventajas a un cliente y vencer sus objeciones, sino más bien de ayudar a un cliente a identificar el problema real y diagnosticar el impacto de resolverlo, ayudar a tomar mejores decisiones en el menor plazo posible dentro de una relación de confianza.

Por otro lado, en el complejo entorno de nuestros días ya hemos dicho que la mayoría de las veces los clientes han avanzado su proceso de compra antes de que nosotros podamos determinar cuál es su necesidad, y probablemente ya tengan bastante claro cómo resolver el problema, por lo que cualquier intento de cualificación puede ir muchos pasos por detrás de su decisión, y nuestra capacidad para influir en ella puede ser también muy pequeña. En ese sentido importa casi más la cualificación y percepción positiva del cliente hacia nuestra capacidad de ayudarle que nuestra cualificación hacia él, la imagen de marca y confianza que podemos generar como expertos para poder situarnos en el inicio de su ciclo de búsqueda de soluciones y no al final, cuando ya puede estar especificado uno de nuestros competidores. Al respecto, el trabajo que podamos hacer con los influenciadores y especificadores en nuestro mercado o nicho cobra cada vez más importancia.

Los clientes hoy en día buscan proveedores que comprendan su negocio y los problemas que tienen que resolver en su día a día. Buscan soluciones adaptadas a su caso particular. Debemos demostrar una comprensión de dichos problemas, ofrecer ideas y soluciones sobre su industria y dirigir la idea preconcebida que puedan tener de nuestro producto o servicio para que ésta sea diferente y de más confianza que la de nuestra competencia.

Los prospectos pueden encontrar fácilmente información sobre precios, características técnicas y comparaciones de productos por su cuenta, pero necesitan que alguien les aporte un significado y un valor añadido dentro de su problemática particular, de sus prioridades personales y de sus planes futuros. Es necesario que el vendedor adapte su proceso de ventas a cada cliente para aportarle ese valor adicional, un valor específico y distinto para cada cliente, encaminado a colaborar en el propio éxito del cliente. Y eso también significa ir más allá del BANT.

Cada vez que conectamos con un cliente potencial, con un grado de influencia suficiente para la decisión de compra (aunque no sea la "autoridad" final), es una oportunidad para agregar valor que tenga implicaciones positivas (o negativas si no se adopta la solución), demostrando que comprendemos sus problemas, objetivos y prioridades en su industria particular. Si hacemos esto, vender no será más que una consecuencia.

Ya que a la gente le gustan los acrónimos, si alguno lo necesita, puede por ejemplo usar éste para calificar a sus clientes potenciales:

PISPOP: nivel de **Prioridad** y urgencia, capacidad de **Influencia**, nivel de relevancia que supone adoptar una serie de valores y **Soluciones**, querer resolver un nivel de **Problemas** o retos determinados y conseguir unos **Objetivos** cuantificables o efectos beneficiosos con un **Plan** específico y realista en el que podemos participar.

Es sólo una idea simpática, entiéndase con un toque de humor, pero da igual el acrónimo que uno se quiera inventar, ya sea un acrónimo "amigable" para los vendedores, fácil de recordar o no, lo importante es el cambio de mentalidad del que hemos hablado en este consejo. Si resulta que tus clientes potenciales no avanzan en tu embudo, quizás sea el momento de cambiar tu enfoque actual. En vez de tiempo, prioridades y urgencia. En vez de autoridad, capacidad de influencia. En vez de necesidades, problemas y soluciones en pos de objetivos rentables que determinen la asignación del presupuesto. Puedes y debes usar el BANT, pero no te quedes solo ahí. Cada cliente es un mundo de posibilidades.

Consejo nº 45: Claves previas en el caso particular de las RFQ/RFP

"No soy todo lo que ves, pero tampoco ves todo lo que soy"
(Anónimo)

En el caso de leads desconocidos siempre es necesario un trabajo previo de investigación, sobre todo en cuanto al origen del lead. El trabajo del vendedor es buscar toda la información posible sobre ese lead/prospecto o cliente potencial, de forma que la llamada o contacto en frío sea un poco más "caliente". Cuanto más sepamos de nuestro cliente mejor.

Es interesante comentar el caso particular de leads que nos llegan generalmente en forma de RFQ ("Request for Quotation" o Solicitud de Presupuesto) o RFP ("Request for Proposal" o Solicitud de Propuesta) ya sea por e-mail, por un formulario de contacto relleno, por correo o por cualquier otro medio.

Me refiero también a leads que no han sido ya previamente contactados y cualificados. La recepción de una petición de oferta/propuesta se puede producir en un momento posterior del embudo, fruto del trabajo previo del vendedor con el prospecto. Pero no siempre es así, y lo que realmente nos interesa es entrar en el proceso de compra de los clientes mucho antes de que se dediquen a buscar distintas ofertas, de forma que solo consideren la nuestra desde un principio por estar convencidos y persuadidos de nuestras ventajas respecto a otras ofertas de competidores.

El "problema" es que el objetivo de una RFQ es principalmente comparar precios de distintas ofertas, lo cual no es lo que queremos, no queremos luchar solo por precio. Cuando el comprador lanza una RFQ se supone que ya sabe lo que quiere y está invitando a una serie de proveedores para que le den el mejor precio y plazo de entrega antes de seleccionar quién recibirá el encargo, pedido o trabajo.

Pero para nuestros intereses, lo indispensable es ser nosotros el especificado, el requerido, el deseado, y para ello hay que entrar y trabajar con el cliente en un momento anterior. El objetivo es que solo piensen en nosotros y no en los competidores. El objetivo es evitar la RFQ o RFP genérica, que el cliente sepa de antemano que lo que quiere es lo nuestro y no considere otras alternativas. Podemos decir que esperar hasta que se hayan definido todos los requerimientos es a menudo demasiado tarde para nuestros intereses.

Esto está en correspondencia con lo que hemos mencionado anteriormente de alinear nuestro proceso de venta con el de compra del cliente. Si nos mandan una petición de propuesta de un lead desconocido, y es la primera vez que tenemos noticia de la misma y de su necesidad, posiblemente ya haya una alternativa preferida, y posiblemente sea difícil cambiar o influenciar su análisis previo del mercado y de la solución buscada. Pero hay que intentarlo. Y siempre hay que pensar en el futuro, en empezar a crear confianza con ese prospecto en nuestras soluciones para que la siguiente vez no sea necesario el que lancen una propuesta genérica, sino que lo tengan claro desde un principio. O si la lanzan, que sea con nuestras especificaciones.

Ya hemos comentado que no siempre es así, no siempre vamos a poder empezar el proceso de forma ideal con el cliente desde el inicio de su proceso de compra, y como es muy común este tipo de peticiones, es necesario dar también algunas pinceladas al respecto.

Como hemos dicho al principio, cuanto más sepamos de nuestro cliente potencial mejor. Antes de ponernos en contacto con dicho lead es necesario hacer los deberes, y entre otras cosas, chequear y preguntarnos lo siguiente:

1. **Comprobar el origen de la RFQ/RFP:**

   - ¿Cómo llegó la petición?
   - ¿Quién la envía? ¿Qué compañía? ¿País? ¿Tienen página web?
   - ¿Qué puesto tiene? (¿redes sociales del contacto donde podamos averiguar más de él y de su empresa?)
   - ¿Es un distribuidor? ¿Es un cliente final? ¿Intermediario?
   - ¿Conocido o desconocido? ¿Lo tenemos en nuestra base de datos?
   - ¿Es de la competencia? ¿Es de origen desconocido?
   - ¿Podemos averiguar más? (por ejemplo a través de búsquedas en Google al respecto)
   - ¿A qué se dedican? ¿Actividad, contexto, situación? ¿Referencias (otros contactos ya fichados, redes sociales, etc.)? ¿Qué necesidades pueden tener? ¿Qué motivaciones?, etc.

2. Comprobar el objeto de la RFQ/RFP:

- ¿Es similar a otras solicitudes anteriores? ¿Tendremos que ofertar lo mismo a otros leads?
- ¿Es una petición recurrente? (chequear ofertas y oportunidades previas, situación de las mismas, etc.)
- ¿Destino del producto o servicio? ¿Es otro país?
- ¿Es un concurso público? ¿Un proyecto?
- ¿Es una petición presupuestaria?
- ¿Es urgente? (¿por qué?) ¿Hay fecha límite?
- ¿Es solo solicitud de información? (RFI)
- ¿Nos consta que hayan mandado la misma solicitud a la competencia?
- ¿Están pidiendo un producto de la competencia? (¿se menciona el nombre del modelo o no se menciona?)
- ¿Qué es lo que realmente piden? ¿Se adjuntan especificaciones o requerimientos? ¿Se requiere más especificaciones? ¿Se puede ofrecer alternativas o es una petición cerrada?
- ¿Qué condiciones especiales se requieren? (identificar elementos tales como transporte, garantías, formas de pago, fecha de entrega, validez de la oferta, descuentos requeridos o cualquier otro requerimiento)
- ¿Realmente tenemos algo que ofrecer? ¿Cumplimos dichas especificaciones?
- ¿Hay algún dato contradictorio?
- ¿Quién debe responder a esta petición? (¿nosotros o un distribuidor/representante?)
- ¿Se requiere una visita urgente al cliente? ¿Necesitan una demostración?
- ¿Qué pasos siguientes se requieren?...

En definitiva, cuando recibimos tal solicitud no hay que ponerse nerviosos y lanzarse inmediatamente a contactar u ofertar como locos… Hay que verificar antes la información de la que disponemos y la que podemos llegar a averiguar. Más tarde podemos seguir con más pasos. Pero ¡la primera impresión puede ser un error!

Hay que comprobar si puede llegar a ser una oportunidad real, comprobando el origen, objeto de la misma, motivo de la petición, etc., para poder actuar en consecuencia.

Chequear y comprobar toda esta información nos ayudará a estar mejor preparados ante todos los temas que pueden surgir en el subsiguiente contacto. En definitiva, es necesario previamente conocer lo más posible a nuestro cliente potencial, sobre todo cuando no somos nosotros los que hemos contactado primeramente al prospecto fruto de una búsqueda y segmentación del mercado.

CAPÍTULO 8: SOBRE EL PROCESO DE VENTAS

Consejo n° 46: el Proceso de Ventas

"No se puede desatar un nudo sin saber cómo está hecho."
(Aristóteles)

La venta es un proceso, y puede tener distintas etapas, fases y subfases. Aquí ya hemos hablado de la primera, como es el proceso de prospección, al que hemos dedicado varios consejos para resaltar su importancia. El proceso de ventas puede ser tan complicado como queramos, el tema es tener un proceso, tenerlo claro y sobre todo aplicarlo.

Simplificando, podríamos incluso reducirlo a tres pasos: prospectar, desarrollar (o gestionar oportunidades) y cerrar negocios. Básicamente, convertir un prospecto en un cliente.

Cada empresa y vendedor debe definir cuál es su mejor proceso, y adaptarlo a su mercado, producto o servicio, nicho, etc. Podemos ampliarlo un poco más y definir más etapas como por ejemplo esta clásica:

- Prospección.
- Detección de necesidades.
- Argumentación.
- Propuesta y Negociación.
- Cierre.

Cuanto más compleja es la venta, sobre todo en entornos B2B, podemos definir otras muchas y ampliar el proceso que deberá estar adaptado a las necesidades específicas del sector. Ese es el proceso que generalmente representamos en forma de embudo y que deberá adaptarse también lo más posible a la forma en que compran nuestros clientes potenciales en dicho mercado o sector.

Podemos ampliarlo todavía más e incluir algunas posibles etapas que existirán o no, y que tendrán más o menos peso dependiendo de la actividad y el producto. Un proceso un poco más completo sería por ejemplo el siguiente:

- Prospección.
- Entrevista/Detección de necesidades/Argumentación.
- Desarrollar la solución.
- Presentación de la solución o producto.
- Evaluación de la propuesta/pasos adicionales.
- Proceso de decisión/Negociación.
- Cierre.
- Suministro/Implementar soluciones.
- Seguimiento/medir resultados.
- Fidelizar.

Y también podemos definir aún más algunas sub-fases, algunas de las cuales podrán existir o no, o superponerse:

- Prospección:
  - Definición de clientes potenciales/clientes ideales.
  - Búsqueda de clientes potenciales.
  - Cualificación de prospectos.
- Entrevista:
  - Preparación previa.

- Concertación de la entrevista.
- Comprender y Validar las necesidades.
- Diagnóstico.
• Desarrollar la solución:
  - Propuesta de valor.
  - Desarrollar oferta económica.
• Presentación de la solución o producto:
  - Preparación previa.
  - Argumentaciones.
  - Propuesta.
  - Oferta económica.
• Evaluación de la propuesta/pasos adicionales:
  - Seguimiento.
  - Demostraciones.
  - Otras presentaciones.
  - Cambios de la propuesta.
  - Segundas reuniones y sucesivas.
  - Nuevas ofertas.
  - Otros requerimientos.
• Proceso de decisión:
  - Objeciones.
  - Negociación.
  - Acuerdos.
• Cierre:
  - Cierre.
  - Aceptación de presupuesto.
  - Contratos.
• Suministro/Implementar soluciones:
  - Fabricación.
  - Preparación de suministro/instalación.

- Suministro/instalación.
- Aceptación de suministro/instalación.
• Seguimiento/medir resultados:
  - Asistencia post-venta.
  - Correcciones.
  - Medir resultados/feedback.
• Fidelizar:
  - Retención de clientes.
  - Fidelización.
  - Conseguir referidos/venta por referidos.

No siempre se van a dar todas y no siempre en ese orden. Cada una de las etapas puede ser más o menos larga, pueden superponerse, sucederse en distinto orden, requerirse el que se repitan algunas, mezclarse algunas de ellas, etc. Por supuesto, el cobro o el pago estaría también incluido, pero puede variar mucho su posición y marco temporal respecto a las otras etapas (pago por adelantado, después del suministro, fraccionado, a 90 días, etc.)

Lo importante es definir cuáles son las etapas requeridas o típicas en nuestro mercado, y a partir de ahí establecer cuáles son los hitos o eventos que se deben suceder para que podamos pasar de una a otra y avanzar en nuestro embudo. Puede suceder por ejemplo que uno de los hitos necesarios antes de avanzar sea la demostración del producto, que habrá que planear, programar y ejecutar junto con el cliente.

Habrá casos donde la venta se pueda cerrar durante una primera presentación y otros donde se requieran varios pasos adicionales.

Lo importante es establecer con el cliente siempre en cada paso una serie de acuerdos que nos lleven a avanzar al siguiente paso.

Cada evento o fase debe ir encaminado al cierre final, por lo cual esta etapa puede darse en cualquiera de ellos.

También la argumentación y el manejo de objeciones pueden darse a lo largo de todo el proceso, así como la realización de diversas propuestas.

Si no conseguimos ese acuerdo o cierre final en cualquiera de las etapas, siempre hay que dejar claro con el cliente cual es el siguiente paso, y conseguir del cliente "micro-acuerdos" donde ambas partes tengan claro los compromisos, las acciones por ambas partes y las fechas establecidas para las siguientes fases, siempre pensando en hacer avanzar la oportunidad de venta a lo largo de las fases y sub-fases mencionadas.

Y por supuesto, en todas y cada una de las fases no debemos de olvidarnos de aportar valor y de aplicar todos y cada uno de los consejos que hemos mencionado hasta ahora.

Lo importante es tener un proceso establecido, que no tiene porqué estar solo en la cabeza del vendedor, un proceso que podamos controlar, medir, repetir, hacerlo predecible y que podamos gestionar y optimizar. Solo las empresas que tienen su proceso de ventas definido pueden mejorarlo.

Puede haber oportunidades que se paren en una u otra parte del proceso, por los motivos que sea que habrá que analizar, pero si no sistematizamos el proceso no podemos analizarlo ni mejorarlo.

Y tú… ¿Tienes un proceso de ventas definido? Si no tienes ninguno ya puedes empezar a diseñar uno… y seguirlo.

Consejo nº 47: la Preparación Previa

"La suerte es lo que sucede cuando la preparación se encuentra con la oportunidad." (Séneca)

En general, cada oportunidad que tengamos de reunirnos con un cliente debemos tenerla mínimamente preparada, y esto significa tener claro los puntos importantes y esenciales que se deben abordar, y cuáles no se deben olvidar.

Es muy importante trabajar previamente dicha reunión, visita, feria, conferencia vía internet, visita de clientes a tu empresa, etc. La preparación previa es una de esas fases a las que el vendedor no dedica generalmente mucho tiempo, pero que precisamente es esencial para el buen éxito de la misma y para los posteriores pasos a seguir en todo el proceso de ventas que hemos mencionado, por lo que es importante resaltarla como consejo.

Hay que improvisar lo menos posible.

La clave muchas veces en el éxito de la venta está en la preparación previa, y eso incluye también intentar conocer con anterioridad al cliente, si se puede, informarnos sobre él, la empresa, conocer sus posibles necesidades, sus posibles problemas, y contrastarlos con nuestras posibles soluciones. Si ya lo hemos cualificado previamente, por teléfono u otros medios, posiblemente sepamos bastantes cosas de ellos, pero antes de cualquier entrevista personal o de cualquier contacto adicional, es siempre necesario prepararse aún más y profundizar en nuestra preparación.

Si es posible, hay que buscar primero información sobre tu cliente, su empresa, sus anteriores contactos con tu empresa, sus anteriores oportunidades, porqué compró o porqué dejó de comprar, sus necesidades, motivaciones previas, su mercado, su actividad. Hacer una investigación profunda de qué quiere tu cliente y las razones de porqué.

En muchos casos, el problema es no conocer al cliente de tu cliente. Si tu producto va a resolver problemas del cliente final de tu cliente, es imprescindible conocer cuáles son esos problemas y cómo tu producto puede ser la solución, por lo que habrá que investigar previamente al respecto.

La preparación previa también comprende tener preparadas, listas y a mano, toda una serie de herramientas de venta que nos pueden ayudar. Esto comprende, entre otras muchas cosas: catálogos (actualizados), folletos, listas de precios, ofertas, tarjetas, regalos promocionales, artículos de prensa, comparaciones con la competencia, notas técnicas, presentaciones (adaptadas a las necesidades específicas del cliente o audiencia), videos, etc. Y si es posible, también el propio producto, si es necesario hacer una demostración del mismo, si el cliente necesita tocarlo, usarlo, probarlo, o simplemente verlo físicamente.

Hay que utilizar también las ventajas que nos da hoy en día la tecnología, y si por ejemplo es necesario hacer videos de uso o de montaje del producto, o de cómo resolver un problema que va a ayudar a la venta o al servicio del mismo, pues no dejemos de hacerlo y tenerlo preparado.

Otra de las herramientas esenciales de venta son las listas de clientes satisfechos, las referencias, las recomendaciones, que son también armas de venta muy poderosas que podemos y debemos usar.

Y por supuesto, no dejar de usar la tecnología en sus múltiples facetas y aportaciones, portátil, tableta, móvil, etc. que también son herramientas de venta.

En definitiva, cuando uno va a hablar con un cliente, DEBE estar preparado.

Tú fabricas tu propia suerte. ¿Estás preparado para ser afortunado?...

Consejo nº 48: Desarrollo de la Propuesta

"Los planes son solamente buenas intenciones a menos que degeneren inmediatamente en trabajo duro". (Peter Drucker)

Una vez que hemos comprendido y validado las necesidades del cliente, sus problemas, sus metas, objetivos, los planes para desarrollar las posibles soluciones y las implicaciones de no hacerlas, junto con las fechas límites para implementarlas, es necesario que desarrollemos nuestra propuesta, si no la hemos hecho ya en la misma fase de entrevista y diagnóstico.

Aquí también conviene recordar los pasos previos especificados en el consejo nº 45 cuando es el caso particular de una RFQ/RFP, y que son también aplicables.

El desarrollo de nuestra propuesta puede suponer una serie de pasos y consejos a seguir, que nuevamente, no tienen porqué ser todos necesarios ni en este orden, lo cual dependerá de la actividad, producto y mercado, pero que conviene también sistematizar y adaptar a nuestro caso particular para tener más posibilidades de éxito, como pueden ser los siguientes:

- **Identificar y confirmar toda la documentación al respecto de las necesidades y/o requerimientos**: cumplir con los requisitos obligatorios es fundamental. Puede ser el caso por ejemplo de existir una serie de especificaciones técnicas del producto o servicio, estudios, requerimientos administrativos, autorizaciones, requerimientos legales, condiciones obligatorias, etc. Es muy importante tener claro todo lo que tenemos que cumplir y no olvidar o pasar por alto ningún requerimiento. Cualquier cosa que no cumplamos puede ser motivo para que nuestra propuesta sea rechazada. Si hay requisitos confusos, poco claros, que puedan llevar a error, es necesario aclararlos con el cliente. Recordar que debemos entender en su totalidad las necesidades del cliente.

- **Responder dentro del plazo estipulado:** si nos hemos comprometido en un plazo con el cliente, tenemos que cumplirlo. En caso contrario es una de las maneras más sencillas de descartarnos frente a la competencia. Si la propuesta depende de un trabajo en equipo de varias personas y/o departamentos, deben coordinarse y estar comprometidos con los plazos. Posiblemente sea necesario alguien que dirija y distribuya las tareas.

- **Definir nuestra estrategia específica**: básicamente decidir qué se ajusta mejor en nuestra propuesta. Esto puede incluir, entre otras:

  - Analizar todas nuestras posibles soluciones que satisfacen las necesidades y los problemas del cliente (y que cumplan con las especificaciones definidas o requerimientos del cliente) y estudiar cuál/cuáles pueden tener más opciones de éxito, y sobre todo si existe una mejor opción, viable, que pueda exceder las expectativas del cliente. ¿Podemos ir más allá con valores adicionales? ¿Podemos diferenciarnos con beneficios y ventajas que van más allá de lo esperado? ¿Cómo podemos hacer que nuestra solución sea más beneficiosa para los objetivos y planes del cliente? Se trata también de provocar el efecto "guau" en el cliente.

- Analizar las alternativas de los competidores y las posibles propuestas/ofertas/precios de los competidores.

- Si no se cumplen las necesidades/especificaciones, hay que analizar nuestra mejor opción posible (si está justificada).

- Estudiar si es necesario ofrecer opciones o propuestas alternativas a la principal, accesorios, etc.

• **Definir nuestra estrategia económica**: una vez aclarado todo lo anterior, conviene pararse a estudiar cómo se va a substanciar nuestra propuesta en términos económicos, y esto puede incluir, entre otras consideraciones:

- ¿Hay algún precio objetivo relativo a un presupuesto asignado?

- ¿Existe algún tipo de descuento? (y condiciones para ello. Los descuentos tienen que estar justificados en cualquier caso)

- ¿Hay comisiones de por medio para intermediarios, distribuidores, representantes, agentes, etc.?

- ¿Nuestra propuesta debe basarse o considerar precios anteriores al mismo cliente?
- ¿Es un precio cerrado por un paquete? ¿Está basado en cantidades?
- ¿Somos nosotros el especificado/deseado y eso necesita una estrategia específica?
- ¿Nos basamos en precios de los competidores que conocemos o podemos llegar a conocer?
- ¿Se espera una segunda ronda?
- ¿Ofertaremos varias opciones? ¿Cómo las diferenciamos y resaltamos la principal o deseada por nosotros?
- ¿Ofertaremos a varios clientes lo mismo? ¿Misma propuesta económica o variará?
- Términos requeridos: formas de pago, transporte incluido o no, tiempo de entrega (¿se ajusta al requerido?), condiciones de capacitación o training si es necesario, condiciones de instalación o suministro, validez de la oferta/propuesta, ¿urgencia requerida?, garantías, etc.

- **Elaborar la documentación relevante:**

  - Substanciar la propuesta por escrito teniendo en cuenta todo lo anterior. Un consejo importante en cualquier caso es siempre personalizar la propuesta, adaptarla al cliente específico (¡y no abusar del corta-pega! o por lo menos que no se note…) Por supuesto hay que tener en cuenta todos los puntos definidos en nuestra estrategia previa, desarrollando las ventajas y beneficios, lo que el cliente va a conseguir y lo que va a hacer por ellos. Justificar las opciones y las condiciones.

- Substanciar las pruebas o documentación adicional que apoyan la propuesta. Muchas veces es necesario probar nuestras ventajas y beneficios con hechos, pruebas de rendimiento, auditorías, autorizaciones, casos tipo de otros clientes, referencias, encuestas, estudios, documentación técnica, planos, etc. A veces la necesidad de una documentación específica que aumente el valor de nuestra propuesta puede surgir durante el desarrollo de la misma.

- **Definir la presentación de la propuesta**: definir los medios y modos de presentación que pueden ser muy variados dependiendo del producto, sector y actividad. Puede ser en persona, por email, carta, a través de intermediarios, reuniones con las partes interesadas, etc. En cualquier caso, siempre la mejor opción es revisar la propuesta CON el cliente, en una reunión programada.

- **Revisión de toda la propuesta**: siempre conviene una revisión de todo el trabajo, un chequeo final que además puede incorporar necesidades o requerimientos de última hora. Cambios finales, comprobaciones, ¿algún valor adicional por el mismo dinero? ¿Alguna forma de añadir más valor? ¿Realmente es beneficiosa para el cliente? ¿Tareas adicionales? ¿Estamos usando todas nuestras herramientas de venta a nuestro alcance? ¿Hay una llamada a la acción final? ¿Es realista? ¿Están definidas las siguientes acciones y pasos a validar? ¿Nos hemos dejado algo?...

En cualquier caso siempre hay que procurar hacer nuestra propuesta/oferta simple, eliminar barreras al cliente, insistir en todos y cada uno de los consejos que hemos comentado y no olvidarnos de buscar la excelencia, generar confianza, utilizar un lenguaje claro, centrarnos en las necesidades del cliente, construir relación y procurar la mejor experiencia del cliente en todo momento.

Y dos consejos finales:

Cualquier proceso es mejor que ningún proceso en absoluto.

Aplica en los siguientes procesos las lecciones aprendidas de los anteriores y mejóralo poco a poco.

Consejo nº 49: Sobre las Objeciones

"El hombre valiente no es el que no siente miedo, sino aquel que conquista ese miedo." (Nelson Mandela)

Ya hemos dicho que las objeciones pueden surgir en cualquier momento del plan de ventas, en cualquier fase, y que de alguna manera conviene entenderlas como oportunidades más que como problemas. La causa de muchas de ellas las hemos comentado también en la parte de la objeción del precio, que suele ser una de las principales, y también hemos hablado allí de algunas maneras o caminos de afrontarlas, las cuales pueden extrapolarse a cualquier otra objeción.

Hay mucha información al respecto y multitud de técnicas de tratamiento de objeciones que el lector curioso puede investigar si le interesa, aunque lo importante es sobre todo no quedarse en la superficie de las frases prefabricadas, ni las series de respuestacontra respuesta tipo, que pueden ser útiles en un momento determinado, pero que no son aplicables a todos los sectores, productos, casos, personas y situaciones.

Lo que quiero destacar aquí principalmente es la importancia de la preparación previa. Hay que hacer los deberes. En cada mercado, en cada tipo de producto o servicio, en cada tipo de industria o sector suelen aparecer una serie de objeciones típicas (a veces son sólo una docena), que pueden ser relativas al producto, al servicio, a su utilidad, a las ventajas y desventajas, a la competencia, a malentendidos, a ideas preconcebidas o a motivaciones personales de seguridad, confianza o desconfianza, orgullo, interés, comodidad, etc.

El vendedor debe detectar y recopilar esa serie de objeciones típicas de su sector y su producto, y trabajar sobre ellas, crear un argumentario eficaz que como hemos dicho tiene que empezar por un conocimiento profundo de su producto, de su propia empresa, de su competencia, del sector y de sus defectos y virtudes.

Tiene que establecer los puntos críticos de su producto que van a generar objeciones, y preguntarse por ejemplo:

- ¿Por qué debieran usar nuestro producto?
- ¿Qué beneficios obtendrá el cliente?
- ¿Cuáles son las ventajas y desventajas?
- ¿Cuáles son las barreras e impedimentos típicos?
- ¿Cuáles son las barreras psicológicas más comunes a dicho producto o servicio?
- ¿Qué ventajas pueden superar los inconvenientes?
- ¿Cuáles son las típicas objeciones relacionadas con comparaciones con la competencia, tanto en precio como en otros aspectos?

- ¿Qué objeciones pueden convertirse en razones de compra?
- ¿Cuáles son los aspectos negativos típicos que habrá que neutralizar y guiar?
- ¿Qué objeciones hay que prevenir y anticipar?
- ¿Cuáles son triviales y cuáles aumentan la resistencia del comprador?
- ¿Cuáles necesitan de pruebas demostrables para combatir la falta de credibilidad?
- ¿Cuáles son generalmente falsas o equivocadas en mi sector?

Todos los puntos críticos y las objeciones típicas que puedan surgir hay que trabajarlas previamente, estableciendo la mejor respuesta, solución y forma de vencer la objeción.

En definitiva, se trata de tener armas contra muchos "peros" y en muchos casos de prevenirlos, eliminarlos, anticipándonos a esa posible objeción y evitar que surja clarificando de antemano con el cliente las causas de cada una. Se trata también de trabajar previamente nuestras soluciones y nuestro argumentario contra los posibles "noes", un argumentario que irá creciendo y variando con nuestra experiencia al respecto, aprendiendo de los errores y los aciertos. Sobre todo de los errores, y de entender cuál fue el motivo del rechazo.

Si no lo hemos trabajado previamente, lo mejor es no responder de mala manera y posponer si es posible nuestra respuesta hasta encontrar la mejor solución, la cual debe aportar un valor adicional que contrarreste dicha objeción. Pero si estamos preparados, podremos demostrar en el acto nuestra capacidad como expertos para guiar, sopesar, transformar y resolver cualquier objeción.

De todas maneras, si hemos escuchado correctamente, si hemos hecho preguntas inteligentes y dirigidas, si hemos detectado y motivado las necesidades adecuadas, si evitamos competir solo por precio y lo hacemos más por valor, si vamos más allá del coste monetario, si hemos apelado no solo a la razón sino también a las emociones, si hemos averiguado las motivaciones y deseos del comprador, si hemos trabajado nuestras ventajas diferenciales para no ser comparados con ninguna competencia, si tenemos claro nuestras ventajas competitivas, si hemos prospectado correctamente, si demostramos que queremos ayudar de forma genuina al cliente, con comprensión, empatía e interés en solucionar sus problemas, y además hemos trabajado previamente dicho argumentario, seremos más que capaces no solo de neutralizar cualquier objeción sino también de evitarla.

Consejo nº 50: Claves a Recordar en cualquier Negociación

"Ojo por ojo y todos podemos acabar ciegos" Mahatma Gandhi

Muchas negociaciones se quedan en puro regateo, y no es a esas a las que me refiero, pues si se llega a ese punto es que no se ha defendido previamente nuestra propuesta de valor o no hemos hecho ninguna y no hay valor que defender más allá del precio.

Pero en muchas ocasiones a lo largo del proceso de compra (no siempre tiene por qué ser al final) surge la necesidad de negociar condiciones y características de la relación comercial para llegar a acuerdos que sean satisfactorios para todas las partes (a veces son más que solo dos partes). Básicamente podemos decir que: negociación = solución de un problema.

Hay que recordar que cualquier negociación también es una oportunidad para mejorar la relación con nuestros clientes y que no debe entenderse como una confrontación, lo cual no quita que se puedan mantener posiciones e intereses enfrentados que habrá que solucionar sin afectar a las relaciones, buscando soluciones que persigan un nivel de resultados y satisfacción de ambas partes, un ganar-ganar.

Así pues, conviene dar algunas claves típicas, aunque repito que esto no es una biblia ni pretende serlo, por lo que el lector curioso puede profundizar más en los numerosos tratados, libros y cursos al respecto, y aquí damos unas pinceladas y consejos como los siguientes:

- Lo importante es siempre el asunto a tratar, y los problemas pertenecen al transcurso de la negociación, no hay que tomárselo de forma personal. Hay que separar las personas de los problemas (duro con los problemas, blando con las personas)
- Recordar siempre las necesidades de las partes y buscar la mejor solución para ambos. Todos pueden ganar.
- Todas las propuestas son válidas de antemano, no hay que descalificarlas sin haberlas estudiado. Se trata de descubrir y explorar opciones y criterios. Los puntos de conflicto se solucionan buscando opciones, las maneras diferentes de satisfacer los intereses de las partes, así como también resaltar los puntos sobre los que puede haber acuerdo.
- Intentar encontrar y entender los intereses detrás de las posiciones. Si no descubrimos los intereses no vamos a poder

buscar soluciones. Intereses que pueden ser compartidos, opuestos o diferentes. Una cosa es lo que las personas dicen que quieren y otra lo que verdaderamente quieren o les motiva a mantenerse en una postura y a tomar una decisión.

- Si el otro pierde, no significa siempre que yo gane. Todos los intereses no son opuestos. Se trata de llegar a acuerdos satisfactorios pero con criterios objetivos y realizables.

- Los intereses diferentes se pueden llegar a complementar aunque ahora no tengan nada que ver, se trata de ver cómo hacerlos compatibles.

- Siempre evaluar la posibilidad de agrandar el pastel, lo cual puede convenir a ambas partes si hay intereses compartidos.

- No hay que dar por supuestos los intereses, hay que descubrirlos. Por ejemplo un comprador puede poner la condición estricta de que se le suministre producto en una semana, pero eso puede deberse, entre otros, a un interés oculto en cambiar de proveedor, o a esperar nuevos clientes y tener un aumento inesperado del consumo.

- Hay que dialogar, no predicar ni imponer. Y la comunicación debe ser bilateral y eficiente. Si se mantienen posiciones inflexibles no es una negociación sino una imposición. Eso no quita que se puedan utilizar elementos de presión siempre que no amenacen la confianza y se convierta en un duelo de egos.

- Hay que ponerse en el lugar de los demás (empatía), no culpar a los otros del problema (no generar mecanismos de defensa), hay que ayudar a que se involucren (¿cómo podríamos solucionar esto?) y reconocer y comprender las emociones que surjan. Quitar tensión y permitir que la otra parte se desahogue, aunque sin dar concesiones por explosiones emocionales. Todos tenemos derecho a equivocarnos y a rectificar. Y si es oportuno, también hay que disculparse.

- No se debe ceder ante la presión, solo a la razón y a criterios objetivos e independientes, que habrá que buscar.

- Siempre hay que considerar las diferencias culturales. Esto implica no suponer que nos están entendiendo en todo (pueden entender algo distinto), puede haber problemas de percepción y distintas creencias.

- Escuchar activamente y considerar tanto las pistas verbales como las no verbales. Hacer preguntas que contrarresten las posiciones rígidas, evitando ataques frontales. Hacer preguntas sobre el contexto, sobre el problema, sobre las consecuencias y sobre los resultados. Interesa el ¿por qué? y el ¿por qué no?, ¿cómo hacer frente al problema?, ¿cuál es la forma de hacer negocios con ellos? Interesa el punto de vista del cliente y cómo trabajar con ellos.

- A la hora de generar opciones es bueno practicar la creatividad (tormentas de ideas) para complementar intereses distintos.

- No hay que tener prisa.

- El acuerdo debe ser justo.

- Los compromisos y acuerdos deben siempre quedar claros, así como un plan para su ejecución.

- Siempre es aconsejable tener previamente preparado un MAAN, una "Mejor Alternativa a un Acuerdo Negociado", un plan alternativo si no se llega a un acuerdo que satisfaga tus intereses, el cual no es negociable y debe ser una buena alternativa cuando falla todo lo anterior. También hay que pensar cuál puede ser el MAAN de la otra parte.

- Las ofertas a presentar (conviene tener más de una) deben ser modificables, mejorables, y no posiciones cerradas, y deben incluir factores específicos de los intereses de la otra parte que hayamos descubierto, indicando claramente los beneficios (realistas) que obtendrán al aceptar nuestra oferta. También hay que prevenir la posible contraoferta.

- Como siempre, hay que resaltar la importancia de la preparación previa a la negociación, y de preparar toda la estrategia que tendrá que estar en línea con descubrir los intereses, separando las personas de los problemas, generar opciones con criterios objetivos y disponer de ofertas que puedan llegar al acuerdo mutuo o en el peor de los casos al MAAN. Se trata de reducir al mínimo la improvisación.

No hay nada nuevo en todo esto y se basa en la lógica, en el sentido común, y en pensar que los acuerdos harán mucho más fácil tu trabajo como vendedor y contribuirán a tu éxito empresarial. Las personas son las que hacen que una empresa funcione o fracase. Y la negociación es entre personas…

Consejo nº 51: Consideraciones sobre el Cierre

"… Si puedes hablar a las masas y conservar tu virtud.
O caminar junto a reyes,
sin menospreciar por ello a la gente común.
Si ni amigos ni enemigos pueden herirte.
Si todos pueden contar contigo, pero ninguno demasiado.
Si puedes llenar el implacable minuto,

con sesenta segundos de diligente labor.
Tuya es la Tierra y todo lo que hay en ella,
y —lo que es más—: ¡serás un Hombre, hijo mío!"
(Rudyard Kipling)

Si a estas alturas del libro todavía piensas que vas a encontrar aquí una serie de frases mágicas para forzar un cierre de venta, eres de los que sigue pensando que el cierre es la parte más importante de vender y que hay que cerrar a la más mínima oportunidad… si es así: ¡castigado!... Vuélvete a leer todos los consejos desde el principio, pero esta vez con atención… y si es posible dos veces…

Bromas aparte, hemos dicho que vender es un proceso, tiene una serie de pasos y preparaciones previas, encaminadas no solo al cierre, aunque también, sino sobre todo a la satisfacción del cliente y a conseguir exceder sus expectativas, a conseguir su lealtad y compromiso. Se trata no de cerrar hoy una operación, sino de que nos vuelva a comprar y se trata sobre todo de fidelizar al cliente.

En todo ese proceso y con la mentalidad de vender sin vender como dijimos en dicho consejo, si lo hemos hecho bien, el cierre es una etapa que se produce como consecuencia natural de lo anterior y que no es necesario forzar con ningún truco. El cierre es un resultado, no es una causa de la venta, sino una consecuencia de haber vendido bien.

Por supuesto hay que pedir el cierre, no nos volvamos locos y nos olvidemos de cerrar. No hay que tener tampoco miedo al cierre, ni hacerlo de forma débil, tímida, como rogando que nos compren. Hay que buscar y pedir el compromiso del cliente y proponer un plan de acción que puede ser tanto aceptar un presupuesto, firmar o confirmar un pedido, realizar un contrato, u otro compromiso (si y solo si tiene autoridad para ello)

Hay que hacerlo con convicción, sin ser agresivo, pero con la constancia de que el cliente ha aceptado todas las ventajas y beneficios que le ofrecemos, que quiere solucionar sus problemas y necesidades y que no ha quedado ninguna pega u objeción por resolver que le haga echarse para atrás o no volver a comprar. En definitiva, cuando estamos seguros de que está convencido, persuadido y seducido con nuestra propuesta.

Por supuesto no se trata de endosar, ni de vender a la fuerza. Si vendemos y luego el comprador no consigue el provecho que esperaba, si no obtiene el valor que esperaba, habremos creado un cliente insatisfecho. Y ese no es nuestro objetivo.

La búsqueda de la satisfacción del cliente y su lealtad son elementos prioritarios o no lo son. No hay términos medios. Las empresas más prósperas y los vendedores de mayor éxito son los que de forma sistemática satisfacen a sus clientes y los consiguen retener. Punto. Invitamos al lector curioso a retomar el consejo n° 46 sobre el proceso de ventas, y a constatar que el último paso del proceso no es el cierre sino el de fidelización del cliente. Ni siquiera es el penúltimo…

Retomando el tema del cierre en sí, lo que también es un gran error es intentar cerrar antes de tiempo, cuando la argumentación ha sido escasa, cuando el cliente no ha considerado ni aceptado ningún beneficio para él, cuando los costes percibidos son mayores que dichos beneficios y cuando no hemos generado el suficiente valor y motivos de compra.

También hay que decir que no todos los cierres implican necesariamente una venta. Pueden ser pequeños compromisos del cliente o prospecto que queremos conseguir para hacer avanzar la oportunidad, pueden ser micro-cierres o hitos dentro de nuestro plan de ventas para, por ejemplo, conseguir el compromiso de una demostración o querer probar el producto, conseguir tener acceso a quien toma la decisión final con el apoyo del influenciador, conseguir la aprobación técnica de nuestro producto en un departamento, conseguir una homologación de proveedor, aceptar un plan de acción parcial de un proyecto, etc.

En ese sentido, el cierre final podemos entenderlo como el último de una serie de micro-cierres y compromisos que hemos ido acordando con el cliente a lo largo de todo el proceso de ventas y que nos llevan a cerrar finalmente la oportunidad de forma satisfactoria para ambas partes.

En definitiva, cerraremos más, cerraremos mejor y el cierre será una consecuencia natural si...

- Si hemos tenido en cuenta los principios y consejos eternos para tratar a nuestros clientes.
- Si hemos hecho nuestros todos los hábitos del vendedor excelente.
- Si hemos adaptado nuestra propuesta de valor a cada cliente y le hemos ayudado a comprar.
- Si hemos generado la necesaria confianza en el cliente.
- Si hemos sido creativos y hemos aplicado con equilibrio el arte relacional con la ciencia de vender.
- Si hemos averiguado en base a qué vendemos y qué necesidades podemos satisfacer.

- Si hemos descubierto las necesidades de nuestros clientes y las hemos motivado y estimulado.
- Si hemos ayudado a comprar, a resolver problemas, con pasión, sin manipular ni forzar la venta.
- Si nos hemos dirigido a la cabeza y al corazón del cliente, con argumentos y emociones que le convencen y persuaden, y si hemos mirado nuestro negocio y producto a través de sus ojos.
- Si hemos puesto el foco en el cliente y no hemos cometido ninguno de los errores típicos de los vendedores.
- Si conocemos bien lo que vendemos, nuestro producto, nuestro mercado y a nuestros clientes, poniéndonos en su lugar con empatía y hemos usado todas las habilidades necesarias del vendedor.
- Si no nos hemos convertido en vendedores-robot y hemos cambiado nuestra perspectiva de futuro y especialización para ser sobre todo consultores más que recoge pedidos.
- Si hemos sabido escuchar a nuestro cliente y hemos averiguado sus problemas reales.
- Si hemos practicado la escucha activa para comprender mejor a nuestro cliente.
- Si hemos hecho preguntas inteligentes para obtener respuestas de calidad que nos permitan ayudarle.
- Si hemos conseguido respuestas específicas, cuantificables y realistas acerca de sus problemas, planes y objetivos.
- Si hemos sido proactivos y hemos descubierto por qué nos compran y por qué no lo hacen a nuestra competencia.
- Si hemos evitado el discutir con el cliente con una actitud de servicio, interés por construir la relación y solucionar problemas.

- Si hemos entendido y usado los mensajes más allá de la comunicación verbal.
- Si hemos evitado competir solo por precio y conocemos a fondo a nuestra competencia.
- Si hemos aplicado algunas de las claves para diferenciarnos de nuestros competidores y nos hemos posicionado en la mente del cliente de forma diferencial.
- Si hemos vendido nuestra diferencia y dado al cliente razones de compra.
- Si hemos sabido comunicar bien nuestra memorable propuesta única de venta.
- Si hemos vendido beneficios y ventajas competitivas que satisfacen las necesidades particulares del cliente.
- Si hemos proporcionado un servicio excelente al cliente durante todo el proceso de venta.
- Si hemos generado valor y aumentado el valor percibido, haciendo que el cliente perciba y valore adecuadamente todo el conjunto de beneficios, incluyendo todos los conceptos y ventajas subjetivas y emocionales que le quitan fuerza al precio.
- Si hemos aclarado la cortina de humo que se esconde tras la objeción al precio, convirtiéndolas en oportunidades adicionales, y sobre todo si hemos evitado que se produzca.
- Si hemos reducido o eliminado los costes negativos en la mente de su cliente, tales como costes de tiempo, psicológicos y de esfuerzo y energía.
- Si hemos tenido en cuenta optimizar la experiencia del cliente en todas y cada una de las interacciones con él, aumentando nuestro valor y el grado de satisfacción del cliente.

- Si hemos construido un vínculo de confianza desde el principio con nuestro prospecto mejorando su experiencia.
- Si hemos utilizado todas las herramientas a nuestro alcance para mejorar dicha experiencia y que puedan conseguir su lealtad, la compra repetida y la recomendación a terceros.
- Si hemos identificado correctamente a nuestro cliente ideal y hemos tenido en cuenta todas las fases de la prospección.
- Si hemos definido las fuentes de búsqueda de clientes potenciales que mejor se adaptan a nuestro negocio.
- Si hemos cualificado correctamente a nuestro cliente potencial con los criterios más adecuados a nuestros objetivos y los suyos.
- Si hemos alineado nuestro proceso de ventas y nuestras soluciones con el proceso de compra de los clientes para aportarle ese valor adicional en línea con sus problemas, planes, proyectos y objetivos.
- Si hemos conseguido ser los especificados sin esperar a peticiones de compra genéricas.
- Si hemos definido un proceso de ventas que podamos controlar, medir, repetir, hacerlo predecible y que podamos gestionar y optimizar.
- Si hemos fabricado nuestra propia suerte con toda la preparación previa necesaria ante cualquier cliente.
- Si hemos desarrollado correctamente nuestra propuesta, de forma sistemática y completa, centrada en las necesidades y problemas del cliente.
- Si hemos trabajado nuestro argumentario, no solo para neutralizar cualquier objeción que surja, sino también para evitarla.

- Si hemos tenido en cuenta todas las claves para negociar correctamente, sin improvisación, en línea con los intereses, separando las personas de los problemas, y hemos generado opciones y ofertas con criterios objetivos para llegar a un acuerdo satisfactorio para todas las partes.

- Si hemos buscado y pedido el compromiso del cliente con un plan de acción a lo largo de una serie de acuerdos…

… En definitiva: si hemos seguido los consejos que se mencionan en este libro, entonces el cierre va a ser una consecuencia lógica de todo ello.

¿Todavía estás preocupado de cómo cerrar bien? ¿O todavía no tienes claro por qué no vendes más y tienes más éxito vendiendo?... Si es así, tienes que volver a repetir el tratamiento para tu mal de ventas… Te aconsejo que vuelvas al principio.

CAPÍTULO 9: LA VISITA DE ELE

"El éxito es dependiente del esfuerzo." (Sófocles)

Y sin darnos cuenta hemos llegado al final de este libro… Algunos consejos han quedado en el tintero, ya que eran bastantes los temas a tratar. Pero la meta era llegar a 51, aunque en realidad son muchos más como el lector habrá observado, hasta llegar a ser cientos entre todo lo que se ha dicho en cada uno de ellos. Espero en cualquier caso que les haya ayudado, motivado e inspirado para su trabajo, negocio y profesión…

—… A mí sí me ha inspirado…

—¡Ahhhhh!... ¡Otra vez oigo voces!... ¿Quién eres? ¿Eres Jin?...

«Para quien no lo sepa, Jin es un espíritu Samurái bastante jocoso que aparecía en mi historia de Vmym, y que aparecía de vez en cuando».

—No, no soy Jin, pero no podía faltar a esta cita.

—¿Quién eres entonces?... me has asustado… el caso es que te oigo en mi cabeza como pasaba con Jin pero no tienes su olor característico a flores de cerezo…

—Soy el Lector Curioso, Ele para los amigos.

—¿Cómo?... no puede ser… ¿Cómo estás aquí?... es decir, tendrías que estar por encima del papel o enfrente de la pantalla, no sé… ¡Tendrías que estar leyendo!...

—Bueno, como te he dicho no podía faltar. Además, me has citado más de veinte veces en este libro y alrededor de diez veces en el anterior. Has mencionado al lector curioso muchas veces y… ¡ése

207

soy yo!... Era ahora o nunca y quería darte mi opinión y hacerte algunas preguntas.

—Me resulta extraño, Ele… ¿puedo llamarte así, verdad?... pero bueno, no siempre tengo oportunidad de hablar con un lector dentro de un libro, y menos con uno tan curioso como tú. ¿No serás también un espíritu...?

—No. Soy de carne y hueso, pero de alguna manera he conseguido meterme en tu libro. Te sigo también desde el anterior y quería darte las gracias por inspirarme y ayudarme con tus consejos. Me están viniendo muy bien en mi profesión, he aprendido nuevas facetas en el mundo de las ventas, refrescado conceptos que a veces se quedan en el olvido y he entendido el porqué de muchas prácticas habituales. Me va a resultar muy provechoso para vender más y tener más éxito vendiendo.

—Me alegro mucho, Ele. Como dije al principio, si has encontrado aunque solo sea un consejo valioso para ti, habré cumplido mi objetivo. Muchas gracias.

—Además, como soy curioso, me has animado a buscar y profundizar más información al respecto de muchos temas que, como bien dices, cada uno es un mundo. Es verdad que hoy en día es imprescindible que nos formemos continuamente.

—Claro, Ele. Por eso te mencionaba, para animarte a ello. Por otro lado, la imaginación, la curiosidad y el espíritu de descubrimiento mueven hoy el mundo más que el conocimiento. Como dijo Albert Einstein: "No tengo talentos especiales, pero sí soy profundamente curioso."

—Gracias por la frase. Por cierto, también me han gustado mucho las frases que has añadido en cada consejo. Me han hecho pensar.

—De eso se trataba también.

—Pero dime, precisamente tengo curiosidad, ¡cómo no!...: ¿Por qué 51 consejos exactamente?

—¡Ah!... vale, te explico: está en relación con el famoso número 101 que suele aparecer en muchas publicaciones americanas de todo tipo, y que alude al conocimiento básico de una materia. 101 significa una introducción o visión general de un tema, y quiere darse a entender que se da un poco de información adicional más allá de otros que incluyen solo 100 temas o tópicos de una materia. Yo quería que estos consejos no fuesen sólo una visión general ni un conocimiento básico, sino que aportasen algo más, unos pasos más o un nivel más. Así pues, según la emblemática frase "menos es más", me he quedado con la mitad de cien más uno, queriendo aportar ese algo adicional también con el 51, en vez de solo 50.

—¿Y no será porque 101 se te iba muy largo y extenso?...

—¡Calla!… shhh… ahora que no nos oye nadie… al principio pensé en 101, pero luego ya me di cuenta que tantos consejos requerían una extensión adicional y por lo tanto he preferido la opción que te he comentado.

—Entendido. No sé, me da en la nariz que algún día llegas a los 100… Cambiando de tema, ¿y por qué este libro no es como el anterior, con una historia y personajes, por qué no es un "storytelling"? Yo esperaba un estilo similar.

—Gracias por preguntarlo, Ele. ¡Aunque tú ahora le estás dando un toque de historia también!... Te diré: tras una presentación, la gente recuerda un 5% de lo que le han dicho, mientras que si le cuentan una historia recuerda más del 60%. En aquél caso era necesario contarla para que los conceptos eternos quedasen grabados en la memoria y también para que fuese más ameno y fácil de leer. En este caso, los 51 consejos están pensados para ser releídos una y otra vez, para que los hagas tuyos y los apliques. Se trata de leer y releer cada consejo como si subieras una escalera, peldaño a peldaño. Y subirla las veces que haga falta. Ninguna historia va a poder sustituir ese esfuerzo necesario. Al respecto, relee la frase inicial de Sófocles de este capítulo… En cualquier caso, estos son los consejos que me hubiera gustado recibir a mí cuando empecé a vender hace 20 años. Los hubiera tenido en cuenta y seguro no habría tenido tantos errores. Espero que tú hagas lo mismo.

—Los tendré en cuenta, los releeré, y los haré míos. Muchas gracias por este último consejo, que tiene que ver con el esfuerzo. Por cierto, ¿habrá más? ¿Habrá un tercer volumen de la serie?

—Pues eso depende de ti…

—¿De qué depende?...

—De que te haya gustado y seas un lector satisfecho. Curioso pero contento. Y de que lo recomiendes. Tú eres el que puede contribuir a que siga la serie con su éxito.

—Pues eso haré, pues me he quedado con ganas de más. Por cierto, ¿cómo te inspiraste en este libro?

—La verdad, Ele, es que las musas te visitan cuando quieren ellas, no cuando tú quieres… pero una de las principales inspiraciones ha sido ver que el primer libro ha tenido muy buena acogida entre los lectores y que está ayudando a mucha gente, lo cual me ha animado a seguir escribiendo. Con éste segundo libro mi objetivo es el mismo, ayudar a todos los profesionales, y a ti también, con esta serie de consejos e ideas que ayudan a completar la visión de este complejo mundo de las ventas, haciéndolo más comprensible y manejable.

—Estupendo. ¿Algún consejo final?

—Que creas en ti mismo, Ele. Y que seas feliz.

—¡Seguro que sí!, y seguiré tus consejos. Muchas gracias y nos vemos.

—Gracias a ti, Ele. Y espero verte pronto. Un fuerte abrazo, que espero traspase el papel o la pantalla, igual que lo has hecho tú…

FIN

******

Nota del autor

Gracias por llegar hasta aquí. Espero volver a verte pronto, y reconocerte.

Si te ha gustado el libro, me gustaría **pedirte por favor que hagas una breve y positiva reseña** del mismo en la librería online donde lo compraste. No te llevará más de dos minutos.

Y si has disfrutado más de lo que esperabas, si te ha hecho pensar, si has aprendido o reaprendido, y si este libro te ha ayudado**, por favor haz felices a otros y recomiéndalo** a tus amigos, familiares, compañeros de trabajo y contactos. Ellos también te lo agradecerán, y de eso se trata. Gracias. Gracias mil.

Página de autor: http://www.amazon.com/author/raulgilo

Twitter: https://twitter.com/RaulSanchezGilo

Linkedin: https://www.linkedin.com/in/raulsanchezgilo

Email de contacto: raulvendermasymejor@gmail.com